Bohumil Matejka

Topographie der historischen und Kunstdenkmale im politischen Bezirke Laun

Bohumil Matejka

Topographie der historischen und Kunstdenkmale im politischen Bezirke Laun

ISBN/EAN: 9783743640528

Hergestellt in Europa, USA, Kanada, Australien, Japan

Cover: Foto ©Andreas Hilbeck / pixelio.de

Weitere Bücher finden Sie auf **www.hansebooks.com**

TOPOGRAPHIE
DER
HISTORISCHEN UND KUNST-DENKMALE
IM KÖNIGREICHE BÖHMEN
VON DER
URZEIT BIS ZUM ANFANGE DES XIX. JAHRHUNDERTES.

HERAUSGEGEBEN VON DER

ARCHAEOLOGISCHEN COMMISSION

BEI DER BÖHMISCHEN KAISER-FRANZ-JOSEF-AKADEMIE

FÜR WISSENSCHAFTEN, LITTERATUR UND KUNST

UNTER DER LEITUNG IHRES PRÄSIDENTEN

JOSEF HLÁVKA.

II.

DER POLITISCHE BEZIRK LAUN.
VERFASST VON
Dr. BOHUMIL MATĚJKA.

TOPOGRAPHIE
DER
HISTORISCHEN UND KUNST-DENKMALE
IM POLITISCHEN
BEZIRKE LAUN.

VERFASST VON

DR. BOHUMIL MATEJKA.

MIT 3 LICHTDRUCKBEILAGEN UND … TEXTFIGUREN

PRAG 1897
VERLAG DER ARCHAEOLOGISCHEN COMMISSION BEI DER BÖHMISCHEN
KAISER FRANZ JOSEF AKADEMIE FÜR WISSENSCHAFTEN, LITTERATUR UND KUNST

PROLOG

zur Topographie der historischen und Kunst-Denkmale im Königreiche Böhmen.

Dem Königreiche Böhmen ist durch seine Lage und seinen Reichthum an Naturproducten in der Geschichte Mitteleuropas seit der Urzeit eine hervorragende Rolle sowohl in politischer als auch in cultureller Hinsicht zugefallen. Schon seit der ersten Ansiedelung findet man in Böhmen Spuren von Wohlstand und Kunstsinn, sowie Spuren fremder Einflüsse, welche trotz der natürlichen Begrenzung des Landes eindrangen und sich dann sehr oft selbständig entwickelten. Es gab im politischen, geistigen und künstlerischen Leben Mitteleuropas kein Motiv, welches in Böhmen nicht Wiederhall oder auch selbständige Entwickelung gefunden hätte, und sowie die Annalen ausführlich von Zeiten des politischen und geistigen Aufschwunges und Niederganges Kunde geben, so zeugen auch die nach allen Richtungen im Lande zerstreuten Kunstdenkmale von cultureller Entwickelung dieses Königreiches, sowie von zeitweiligem Rückgange.

Die politische und Litteraturgeschichte des Landes besaß seit Cosma's Zeiten ihre Pfleger und Leser; doch auch dasjenige, was von kunstgeübter einheimischer oder fremder Hand geschaffen wurde, blieb nicht ohne Beachtung. Bereits im vergangenen Jahrhunderte veröffentlichte Bienenberg seinen »Versuch über einige merkwürdige Alterthümer im Königreiche Böhmen«. Erst unserer Zeit war es jedoch vorbehalten, die kunstgeschichtlichen Forschungen systematischer zu betreiben; namentlich sei der Verdienste jener Männer gedacht, welche wie Heber mit seinen Genossen die historischen Baudenkmale des Landes beschrieben, welche wie Mikovec und Zap die Aufmerksamkeit der gebildeten Kreise auf die Kunstwerke vergangener Jahrhunderte leiteten oder wie Wocel sich in das Studium der

Vorgeschichte des Landes vertieften. Die im Jahre 1854 gegründete *Archaeologische Section des Museums des Königreiches Böhmen* bildete bald den Mittelpunkt, in welchem sich das Interesse um die Vergangenheit des Königreiches vereinigte, und die »Památky archaeologické« und später die Zeitschrift »Method« wurden zu Organen für die Geschichte der bildenden Kunst in Böhmen.

Als die *Böhmische Kaiser Franz Josef-Akademie für Wissenschaften, Litteratur und Kunst* ihre Thätigkeit inaugurirt hatte, wurde bei derselben auf Grund des § 2. lit. e) der Statuten und der §§ 18 und 50 der Geschäftsordnung die *Archaeologische Commission* gebildet, welche die wissenschaftliche Forschung auf dem Gebiete der Kunst-, historischen, Schrift- und litterarischen Denkmale, sowie deren Schutz zur Aufgabe hatte. Hiedurch wurde eine active Organisation begründet mit dem bestimmten Zwecke, das Königreich Böhmen in Bezug auf die Denkmale derbildenden Kunst zu durchforschen — festzustellen, welche architektonische, plastische, malerische und kunstgewerbliche Arbeiten sich im Lande bisher erhalten haben — ihre Entstehung und ihren Ursprung so viel als möglich zu bestimmen — ihren künstlerischen oder geschichtlichen Wert abzuschätzen — endlich jene Denkmale zu bezeichnen, an deren Erhaltung insbesondere gelegen ist. Dadurch erscheint gleichsam für ganze Generationen von Forschern das Programm einer Detailarbeit entworfen, welche mühevoll aber unausweichlich ist, um sicherstellen zu können, auf welche Weise sich die bildende Kunst im Königreiche Böhmen entwickelte, woher die ersten Motive kamen und welche Ausbildung sie fanden, in welchem Masse fremde Künstler mitwirkten, und was direct vom Auslande importirt wurde; denn lediglich auf Grund einer eingehenden Kenntnis aller Kunst-Denkmale kann die Entwickelung der Kunst gewürdigt und eine richtige Geschichte derselben geschaffen werden. Ausser diesem theoretischen, sehr wünschenswerten Resultate ist jedoch auch zu erwarten, dass eine eingehende Erkenntnis, wie sich die Kunst bei uns entwickelte, nicht ohne Einfluss auf die ausübenden Künstler, sowie auf die Landesverwaltung und auf unsere Öffentlichkeit bleiben werde, damit alle Denkmale erhalten bleiben, welche für die Entwickelung der heimischen Kunst besonders charakteristisch sind und absolut verschont und erhalten zu werden verdienen.

Die Archaeologische Commission trat am 8. Mai 1893 zusammen, verfasste ein Gutachten betreffend die Erhaltung von Denkmalen der heimischen bildenden Kunst und von Alterthümern überhaupt und unterbreitete dasselb eim November des Jahres 1893 dem hochlöblichen Landesausschusse mit dem Ansuchen um Erwirkung einer besonderen Dotation für diese Commission; sie stellte ferner ihre organischen Bestimmungen fest, welche in der am 8. März 1894 abgehaltenen Plenarversammlung der Böhmischen Akademie genehmigt wurden; über Aufforderung des hochlöblichen Landesausschusses unterbreitete sie demselben im Juni 1894 ein eingehendes Programm für die Erforschung der Denkmale; nachdem sie sich sodann auf Grund der organischen Bestimmungen erweitert, theilte sie sich im Januar 1895 in drei Sectionen: eine praehistorische, eine historische und eine folkloristische; nachdem der hohe Landtag des Königreiches Böhmen der Archaeologischen Commission für das Jahr 1895 eine Subvention von 3000 fl. verliehen, wurde das Regulativ betreffend die Zusammenstellung einer Topographie der historischen und Kunst-Denkmale verhandelt, und in den Sommermonaten desselben Jahres unternahmen zu gleicher Zeit die Herren Franz Borovský, Dr. Karl Chytil, Karl B. Mádl und Dr. Bohumil Matějka die Inventarisirung. Nachdem der hohe Landtag der Commission auch für das Jahr 1896 eine Dotation von 3000 fl. zu Forschungen und zugleich eine Subvention von 2000 fl. zur Herausgabe der Kunst-Topographie bewilligt hatte, wurden die beiden ersten Bände, die politischen Bezirke Kolin und Laun betreffend, der Presse übergeben.

Das Verdienst einer raschen Verwirklichung dieses so wichtigen Unternehmens kommt in erster Reihe der hohen Landesvertretung des Königreiches Böhmen zu, welche nicht nur die nöthige materielle Unterstützung bewilligte, sondern auch mittels eigener Präsidial-Circulare das Unternehmen den autonomen Behörden der betreffenden Bezirke anempfahl. Auch die hochwürdigsten Consistorien von Prag und Königgrätz unterstützten durch wärmste Befürwortung die Arbeiten, welche übrigens auch von weiteren Kreisen der Bevölkerung mit Theilnahme, Verständnis und allseitiger Förderung begleitet waren.

Mit besonderer Anerkennung ist hervorzuheben, dass auch eine pecuniäre Unterstützung aus den durchforschten Bezirken zum Zwecke einer würdigen Ausstattung der betreffenden Bände nicht ausblieb; es ist zu hoffen, dass auch die hohe Regierung in Anerkennung der Wichtigkeit des Unternehmens demselben ihre Beihilfe nicht versagen werde.

In die Topographie wurden aufgenommen:

1. Die prähistorischen Denkmale durch kurze Angabe der Funde.
2. Die Denkmale der Baukunst, Plastik und Malerei seit der romanischen Epoche bis zum Beginne des 19. Jahrhundertes; kunstgewerbliche Gegenstände, soweit sich dieselben nicht im Privatbesitze befinden; geschichtlich wichtige Bauten, wie Burgen, Befestigungen, Brücken u. a.

Die Topographie gelangt in böhmischer und deutscher Ausgabe zur Veröffentlichung u. z. jeder politische Bezirk für sich. Den einzelnen Gruppen von Bezirken nach der alten Kreiseintheilung sollen einleitende

Abhandlungen über die Denkmale der volksthümlichen Kunst mit Angabe der betreffenden Litteratur beigeschlossen werden. Was die Darstellung betrifft, wurde die grösstmögliche Concision zur Norm gemacht.

Das Werk ist begonnen und wird hoffentlich mit jedem Jahre rascher fortschreiten, bis das ganze Königreich von Bezirk zu Bezirk durchforscht und beschrieben sein wird. Mögen die ersten Bände ein richtiges Interesse für die heimischen Denkmale wecken und den Boden vorbereiten für jene Delegirten der Archaeologischen Commission, welchen die weitere Durchführung dieser Arbeit anvertraut werden wird.

Vom Praesidium der Archaeologischen Commission bei der Böhmischen Kaiser-Franz-Josef-Akademie für Wissenschaften, Litteratur und Kunst.

Prag am 1. December 1896.

Josef Hlávka,
Praesident.

Dr. Jos. L. Pič,
Berichterstatter.

VORWORT.

Der vorliegende Band ist die deutsche Ausgabe des vor Kurzem in böhmischer Sprache unter dem Titel: »Soupis památek historických a uměleckých v politickém okresu Lounském« veröffentlichten zweiten Bandes der Topographie der historischen und Kunst-Denkmale im Königreiche Böhmen. Die in demselben enthaltenen Angaben entsprechen dem Stande, welchen ich bei einer Bereisung des politischen Bezirkes im Herbste des Jahres 1895 und im Frühlinge des Jahres 1896 vorfand. Das Sammeln des umfangreichen Materiales wurde mir durch gütiges Entgegenkommen zahlreicher Freunde dieses Unternehmens erleichtert; besonders habe ich in dieser Hinsicht nachfolgende Herren zu nennen:

Herrn MUC. **Franz Kučera**, welcher einer Aufforderung der löblichen archäologischen Commission nachkommend, den auf die prähistorischen Funde Bezug nehmenden Theil selbständig nach eigenen Studien bearbeitete und mit kurzgefassten Literaturangaben versah;

Herrn Architekten **Camill Hilbert** zu Laun, welcher mit seltener Bereitwilligkeit einen grossen Theil der architektonischen Zeichnungen eigens für die vorliegende Veröffentlichung ausführte.

Ausserdem bereicherten das Bildermateriale mit ihren Arbeiten Herr Architekt **Josef Mocker**, Dombaumeister in Prag, und Herr Architekt **Johann Koula**, Professor an der böhmischen technischen Hochschule.

Locale Nachrichten, historische und genealogische Beiträge verdanke ich besonders Herrn **Anton Merz**, einem gewiegten Kenner der Launer Alterthümer, und dem hochwürdigen Herrn P. **Franz Štědrý**, Pfarrer zu Slavětín, welcher die Ergebnisse seines langjährigen Studiums mir mit grösster Zuvorkommenheit zur Verfügung stellte.

Eine würdige Ausstattung dieses Bandes mit den nöthigen Abbildungen ermöglichten durch besondere Geldbeiträge die löbliche **Stadtvertretung der königlichen Stadt Laun**, der hochwürdige **Convent der Augustiner-Eremiten zu Ročov**, sowie Seine Hochwürden der Herr Provincial der böhmischen Provinz des genannten Ordens, Herr P. **Alipius Tonder**.

Allen Genannten sei hier der wärmste Dank ausgesprochen. Zugleich gedenke ich dankbar der freundlichen und werkthätigen Förderung, welche mir von der gesammten hochwürdigen Geistlichkeit und von der geschätzten Lehrerschaft des betreffenden Bezirkes entgegengebracht wurde.

Die Art und Weise der Behandlung des Gegenstandes waren durch die in der Vorrede angeführten Bestimmungen im allgemeinen festgestellt; für den vorliegenden zweiten Band, dessen Ausgabe in böhmischer Sprache gleichzeitig mit dem ersten Band geschrieben und gedruckt wurde, sei im besonderen Nachstehendes bemerkt.

Da es sich um die Beschaffung eines Inventars des gesammten Bestandes der Kunstdenkmale im Launer politischen Bezirke handelt, erschien eine möglichst kurzgefasste, in gedrängter Form bloß das Wichtigste betonende Schreibweise geboten. Die Literaturangaben beziehen sich nur auf solche Quellen, aus welchen thatsächlich geschöpft wurde oder welche wissenswerthe Ergänzungen enthalten. Besondere archivalische und bibliographische Studien lagen nicht in der Aufgabe des Verfassers, da dieselben dem Wirkungskreise einer besonderen Abtheilung der archäologischen Commission angehören. Ergänzungen zu der vorliegenden Arbeit, welche nicht im gegebenen Rahmen derselben lagen, gelangen in den »Památky archaeologické« zur Veröffentlichung.

Für die Abbildungen wurde nach Thunlichkeit ein einheitlicher Maßstab eingehalten, soweit bei denselben nicht ausdrücklich andere Maße angegeben sind, und zwar: für Grundrisse der Kirchen 1 : 500, Fensterdetails 1 : 40, Profile 1 : 10 und 1 : 20, Facsimile der Inschriften 1 : 10 Kelche 1 : 2, Abdrücke der Siegelstöcke 1 : 2; die Merkzeichen der Goldschmiede und Zinngiesser, sowie die Beschauzeichen sind entweder in Originalgrösse wiedergegeben oder soweit vergrössert, als zur Deutlichkeit des Abdruckes nöthig war. Die Maßangaben der Glocken entsprechen dem untersten Durchmesser und der lothrechten Höhe des Mantels sammt der Krone, wobei zu bemerken ist, dass der in den Kopfbalken eingelassene Theil der Bänder nach annähernder Abschätzung mitgerechnet wurde.

Die deutsche Ausgabe ist der böhmischen inhaltlich gleich geblieben. Im Bewusstein des Umstandes, dass die jetzige unvollkommene und unschöne Schreibweise böhmischer Ortsnamen einer baldigen Reorganisierung von Seiten der Sprachforscher bedürftig sei, wurde diesem Bande die Schreibweise des von der k. k. statistischen Central-Commission in Wien herausgegebenen Special-Orts-Repertoriums von Böhmen aus dem Jahre 1893 zu Grunde gelegt.

Prag am 28. September 1897.

Dr. Bohumil Matějka.

Brdloch — Brloh.

Wahner Georg, Sammlung alter und neuer Nachrichten betreffend die Kirchenbezirke und derselben Gotteshäuser im Saatzer Kreise I. 45. Handschrift im Archiwe des böhmischen Museums. — Veselý Johann, Geschichte der fürstl. Schwarzenbergschen Besitzungen Citolib etc. 1895, 31.

FILIAL-KIRCHE, dem hl. Gallus geweiht, im Jahre 1355 Pfarrkirche, im Jahre 1763 vom Gr. Ernst Pachta neuerrichtet.

Der unansehnliche, orientirte Bau aus gebrochenem Plänerkalk mit Mörtelbewurf besteht aus einem rechtwinkeligen Schiffe von 16·5 m Länge und 7·20 m Breite, einem niedrigen Thurme in der Westfront und dem 8·30 langen, 4 m breiten, rechtwinkeligen Altarraum; zu dessen Seiten ein kleines Oratorium und die Sacristei. Orgelempore balconförmig.

Altäre und Kanzel sind geschickte Schnitzarbeiten des 18. Jhrh., weiss bemalt, mit stellenweiser Vergoldung.

Hauptaltarbild auf Leinwand, den hl. Gallus vorstellend, ein unbedeutendes Werk des vorigen Jhrh., 2 m hoch, 1·35 m breit, stammt möglicherweise von *Wenzel Bernard Ambrosi* (nach Dlabacz's Künstler-Lexikon I. 44.).

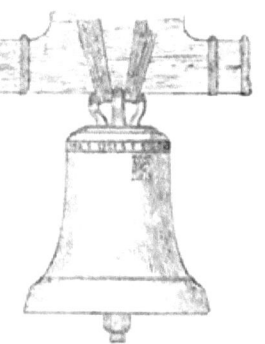

Abb. 1. Brdloch. Kleinere Glocke.

Holzfigürchen der 14 heil. Nothhelfer und anderer 14 Heiliger auf beiden Seitenaltären, flott geschnitzt, barock, 0·20 m hoch.

Zwei Blumenvasen aus gedrechseltem Messing, 0·20 m hoch, barock.

Weihwasserbeken, 0·60 m hoch, aus gebranntem, grün glasirten Thon mit barocken Reliefornamenten und einem Brustbilde der heil. Katharina, Arbeit eines Dorftöpfers des 18. Jhrh.

Paramentenschrank und Betschemel, barock verbogen mit geschickten ornamentalen Intarsien, 18. Jhrh.

Glocken: 1. Höhe 0·75 m, Durchmesser 0·75 m, ohne Verzierungen bloss mit einer nicht zu entziffernden Inschrift am oberen Rande versehen, gothisch.

Bezirkshauptmannschaft Laun.

2. Höhe 0·73, Durchmesser 0·63, von etwas langgestreckter Walzenform, am oberen Rande die Inschrift:

anno domin m⁰ ccc⁰ lxv⁰ + laborata est ✠ campana ista ✠ tyne ✠ p ✠

Seitlich knapp unter derselben ein 0·07 m hohes Relief des Gekreuzigten mit Maria und St. Johannes (Abb. 1.).

Brodetz — Brodce.

Aschenurnen, Bronze- und Steine-Artefacten im fürstlich Schwarzenbergischen Museum zu Frauenberg, in der Sammlung Merz und im Museum zu Laun.

Chlumčan — Chlumčany.

Sommer, Johann Gottfried, Das Königreich Böhmen, XIV. 43. — Veselý J., Gesch. d. F. Schwarzenberg. Bes. Citolib etc. 28.

Zwischen der Bahn und der Zuckerfabrik Aschengruben mit Thongefässcherben und Thierknochen (in Frauenberg). Am Berge »Chlum« in kleinen, im Felsen ausgehöhlten Gruben einzelne mit freier Hand geknetete Thongefässe von Únětitzer Form (im Launer Museum). Šnajdr, Počátk. předhist. míst. země české 16, Časopis Olomouck. Musea 1886, 28, Veselý l. c. 28.

FILIAL-KIRCHE, dem hl. Clemens geweiht, im J. 1354 als Pfarrkirche erwähnt, im J. 1774 neuerbaut.

Das orientirte, aus Bruchsteinen errichtete Gebäude wird an den Aussenwänden sowie am Westthurme von korinthischen Wandpilastern gegliedert und von sechs Fenstern durchbrochen. Das rechteckige in den Winkeln abgerundete Kirchenschiff besitzt eine Länge von 8·50 m und eine Breite von 7·20 m, das viereckige Presbyterium ein Ausmass von 6·60 m und 5·20 m.

Abb. 2. Chlumčan. Kelch 0·375 m. hoch. Gez. von Prof. J. Koula.

Zwei Altäre und die Kanzel sind mit guten Holzschnitzereien des 18 Jhrh. geschmückt; nebstdem ein guter Rococorahmen.

Ein Kelch, (J. Koula, Kunstgewerbliche Denkmäler in Böhmen, II. III. Bl. VIII.) gothisch, 0·175 m hoch, aus vergoldetem Kupfer. Auf dem profilirten, sechspassförmigen Fusse ist ein kleines Krucifix befestigt. Der mit getriebenen Ausbauchungen geschmückte Nodus trägt an seinen sechs Rauten die gravirten Buchstaben IHESVS; am sechsseitigen Schafte befinden sich oberhalb des Nodus der Name SANNAH, unterhalb desselben MARIAH. Den Ansatz der Cupa umschliesst ein gravirtes Band-Ornament von verschlungenen Halbbögen. Schöne Arbeit der ersten Hälfte des 16. Jhrh. (Abb. 2.)

Glocken: 1. Höhe 0·65 m, Durchmesser 0·66 m, Inschrift: GOSS MICH JOHANN BALTASAR CROMELIUS VON TRIER IN LAUN 1695.

2. Höhe 0·55 m, Durchmesser 0·55 m, Inschrift: JOHANN GEORG KÜHNER GOSS MICH IN PRAG.

3. Höhe 0·45 m, Durchmesser 0·45 m, Inschrift: ANNA KÜHNER 1808.

Chrabřetz — Chraberce.

Reihengräber liegender Hocker mit Gefässen und Nadeln Unětitzer Art, sowie Steinartefacten, südlich vom Dorfe. Im Launer Museum und in den Sammlungen Merz und Kučera. Kučera, Český lid 1895. 449.

Čenčitz — Černčice.

FILIAL-KIRCHE, dem hl. Lorenz gewidmet, im J. 1371 Pfarrkirche, auf einem Hügel gelegen, orientirt, aus gebrochenem Plänerkalk mit Mörtelbewurf. Das rechtwinkelige Schiff ist innen 12·20 m lang und 7·95 m breit; der halbkreisförmig geschlossene Chorraum 7·20 m lang und 5·70 m breit; Mauerstärke 1·05—1·15 m. Die Anlage war vielleicht romanisch, der Aufbau jedoch barock, schmucklos.

Der im quadratischen Grundrisse 6 m breite Thurm an der Südseite des Schiffes ist aus grossen Sandsteinquadern in drei Stockwerken errichtet und entstammt wohl noch der romanischen Zeit.

Auf dem Hauptaltare zwei Holzstatuen heiliger Bischöfe in Überlebensgrösse (in der Thurmkammer zwei ähnliche Statuen des hl. Rochus und Jacobus,) von unbedeutendem Kunstwerthe, 18. Jhrh.; Hauptaltarbild auf Leinwand, der hl. Johann von Nep., ein schwaches Werk des 18. Jhrh., gefertigt: »P. V. Roij f.«

Zwei kleine Gemälde auf Leinwand, Judith mit dem Kopf des Holophernes, David mit dem Haupte Goliaths in Costümen des 18. Jhrh.

Zwei Kirchenbänke auf den Seitenstücken schön barock geschnitzt.

Glocken: 1. Höhe 0·75 m, Durchmesser 0·75 m, auf dem Mantel in einem von Tritonen gehaltenen Schilde die Inschrift: „GOSS MICH JOHANN BALTASAR CROMELLI IN AUSSIG ANNO 1716". Auf der anderen Seite ein schlechtes Madonnenrelief und zwei Wappen.
2. Höhe 0·62 m, Durchmesser 0·62 m mit gleicher Inschrift und einem Relief des hl. Johann von Nep.
3. Höhe 0·49 m, Durchmesser 0·52 m, mit Inschrift am oberen Rande: ave maria gratia plena domini.

Ein ehemaliges HERRSCHAFTSGEBÄUDE aus dem 16. Jhrh., auf rechtwinkeligem Grundriss, einstöckig, von aussen mit verblasster Rustica geschmückt; die kleinen Fenster haben rechteckige Umrahmungen aus Kalksteinquadern mit einfacher Schräge. Die Hofseite offen mit einer zweitheiligen Bogenhalle in der ersten Etage. Das verwahrloste Innere war nie beendet.

Černochov.

Schaller Jaroslav, Topographie des Königreichs Böhmen, I. 195. — Sommer, Kön. Böhmen XIII. 89.

Praehistorische Ansiedlung mit Feuersteinartefacten und Thongefässcherben auf dem Pfarrfelde. (Šnajdr, Počátkové předhistorického místopisu země české, 18.)

FILIAL-KIRCHE, dem hl. Wenzel geweiht. Das Dorf, im Jahre 1384 Pfarrort, ursprünglich Eigenthum des Klosters in Mühlhausen, entrichtete seit 1207 den Zehnten an das Kloster zu Ossegg. Das gothische Presbyterium der älteren Kirche aus dem 13. Jahrh. dient nun als Sacristei, das Kirchenschiff sammt Westthurm ist barock, im Jahre 1779 aus Bruchstein mit Kalkbewurf erbaut, orientirt.

Den Schmuck des Thurmes vor der Westfront bilden Pilaster mit Gebälk und stark vorspringendem Gesimse, sowie ein achtseitiger, vierfach gebrochener Mansard-Thurmhelm. Die im Grundriss ein unregelmässiges Zehneck beschreibenden Langseiten der Kirche werden von zwei jonischen Pilastern

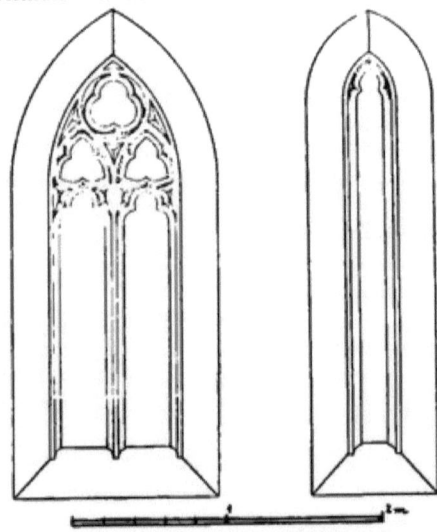

Abb. 3. Černochov. Fenster des Presbyteriums.

und Lesenen gegliedert und von sechs Fenstern durchbrochen. Diese sind unten rechtwinkelig, oben im Segmentbogen überwölbt. Das mit drei Seiten des Achteckes geschlossene Presbyterium wird von sechs Strebepfeilern gestützt; von seinen Fenstern sind das östliche und südliche zweitheilig mit dreiblättrigen Masswerken, die drei anderen schlank mit einfach vorspringenden Nasen (Abb. 3.). Das zehnseitige Mansarddach des Schiffes ist mit Ziegeln gedeckt.

Das Kirchenschiff, innen elliptisch, 18·20 m lang und 11·70 m breit, wird an den Wänden von jonischen Wandpfeilern belebt und mit einer Flachkuppel überwölbt. Das 7 m lange und 6·80 m breite Presbyterium hat ein Kreuzgewölbe, dessen Rippen (Abb. 4) sich in dem einzigen Gewölbekreuz und im Schlusse in zwei glatten Scheiben treffen und an den Wänden auf einfachen Consolen aufsitzen.

Abb. 4. Černochov. Rippenprofil, 1:10.

Der Holzrahmen des Hauptaltarbildes bildet breite Acanthusverschlingungen; am Seitenaltar gewundene Säulen, zierliche Arbeiten des 18. Jahrh.

Ölbild auf Leinwand, St. Johann von Nep. vertheilt Heiligenbilder an Kinder; Porträts in Costumen des 18. Jahrh., schwach.

Abb. 5. Černochov. Taufbrunnen (1·14 m hoch).

Taufbrunnen aus Sandstein, kelchförmig, 1·14 m hoch, zwölfseitig auf sechsseitigem Schaft, welcher mit einem Rundstab umwunden ist (Abb. 5).

Thürschloss von Eisen, 0·57 m lang, durchbrochene vorzügliche Arbeit des 18. Jahrh.; zugehörig ein vergoldeter Schlüssel (Abb. 6).

Die Glocken wurden im Jahre 1777 mit den Perutzer Glocken eingetauscht.

1. Höhe 0·80 m, Durchmesser 0·80 m; am oberen Rande wiederholen sich kleine Reliefplatten mit Darstellungen der Cananeischen Hochzeit, des armen Samaritaners, der Auferweckung des Lazarus und Bekehrung des heil. Paulus. Darunter hängende Acanthusblätter. Auf dem Mantel vorn ein von Tritonen gehaltener Schild mit der vierzeiligen Inschrift: BRYCCIUS PRA | GENSIS AUXI | EIO DIVINO | FECIT ME.(!) Darunter: TAK BVOH MILOWAL SWET | ZIE SYNA SWEHO GEDNOROZENEHO ! DAL ABY KAZDY KDOŽ WIERŽI | W NIEHO NEZAHYNVL ALE MEIL | ZIWOT WIECZNII. S. I. KAP. III.(!) Unten ein Medaillon mit Kristuskopf und der Jahreszahl 1567.

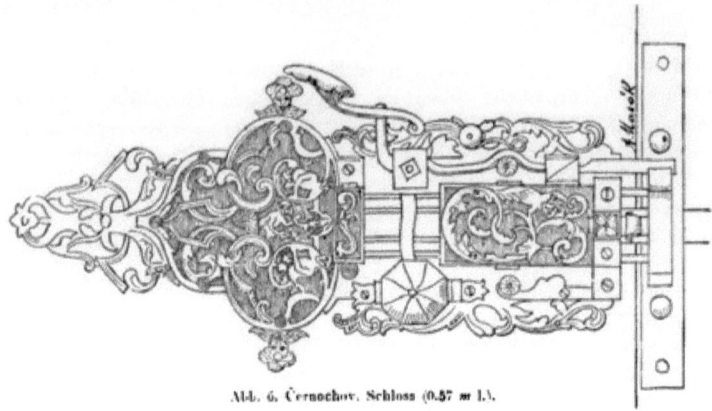

Abb. 6. Černochov. Schloss (0.57 m l.).

Rückwärts auf Mantel: DA PACEM DOMINE IN DIE | BVS NOSTRIS QVIA NON | EST ALIVS QVI PVGNET PRO | NOBIS NISI TV DEVS NO | STER OMNIPOTENS. Darunter drei Engel in Relief.

2. Höhe 0·70 m, Durchmesser 0·70 m, glatt mit Inschrift am Oberrand:

anno domini millesimo ccccoo

3. Höhe 0·40 m, Durchmesser 0·40 m, oben und unten am Rande Kränze, am Mantel ein Krucifix, das Relief des hl. Florian und die Inschrift:
PŘELIT OD DCERY KARLA BELLMANNA ANNY.

4. Höhe 0·36 m, Durchmesser 0·35 m, auf dem Mantel ein Madonnenrelief und St. Johann von Nep. Unten am Rande I G K 1772 (*Johann Georg Kühner*).

Debř.

Dreikantige Feuersteinspitze im geologischen Institut der böhmischen Universität in Prag. (Šnajdr, Poč. předhist. místop. země české, 16.)

Diwitz – Divice.

Schaller, Top. d. Kön. Böhmen VII. 54. — Sommer, Kön. Böhmen XIV. 44. — Heber Fr. Al., Böhmens Burgen IV. 239 (mit Abb.) — Veselý, Gesch. d. Bes. Citolib etc. 38.

Aschengruben mit Stein- und Knochenartefacten (in Frauenberg). Mittheil. der anthrop. Gesellschaft in Wien, 1884, 204, 1881, 207, Veselý, Gesch d. Bes. Citolib etc. 1895, 38. Šnajdr, Poč. předhist. místop. země české 16.

VESTE aus dem 16. Jahrh., damals Eigenthum der Lobkowicz, schon im J. 1318 erwähnt, jetzt als Hopfendörre eingerichtet; erhalten hat sich ein Theil des Wohngebäudes, der Palast benannt und der sehr feste viereckige aus Bruchsteinen errichtete Thurm; auf demselben verblasste Rusticaspuren. In jedem Stockwerke des Thurmes ein grosser Raum, zu welchem Stiegen in der Stärke der Mauer führen. Die Thüreinfassungen aus Plänerkalkquadern, mit einfach verzierten Sockeln; in den Fensternischen Steinbänke. An den Wänden des im zweiten Stocke befindlichen Raumes sind knapp unter der Decke Überreste einer übertünchten Wappenfolge aus dem 16. Jahrh. kenntlich.

Dobroměřitz — Dobroměřice.

Skelettgräber an der Bahn, in welchen gefunden wurden Urnen, ein Beinkamm, eine Bronzenadel, ein Feuersteinmesser, Bernsteinkoralen und ein Schildbuckel, der letztere im Schlaner Museum, das übrige in Sammlung Merz zu Laun. Ein Menschenschädel in der Sammlung der Launer Bürgerschule. Ausser den Skelettgräbern Aschengruben mit vielen Thongefässen und Scherben. Gefässe mit römischen Formen im Launer Museum. Ein Doppelgefäss in der Schulsammlung. Pam. archaeol. XI. 91. Šnajdr, Poč. předhist. místop. země české 17, Mittheil. der Central-Commission 1890, 111, Český lid 1894, 378.

FILIAL-KIRCHE, dem heil. Matthaeus geweiht, ein einfacher, orientirter, gothischer Bau aus Bruchstein mit Kalkbewurf. Das rechtwinkelige Langschiff, das Presbyterium, sowie der nördlich anstossende Thurm stammen aus dem 13. Jahrh. (im Grundriss mit der Kirche zu Wrbno übereinstimmend), der südliche Portalanbau aus dem 15. Jahrh.

Das Äussere des älteren Baues ohne Strebepfeiler scheint ganz schmucklos gewesen zu sein. Bloss das schlanke, untere Thurmfenster hat eine mit zwei Hohlkehlen profilirte Laibung und vorspringende Nasen im Schlusse. An die Südwand des Schiffes wurde im 15. Jahrh. ein quadratischer Vorraum an-

Abb. 7. Dobroměřitz. Profil der Portalaibung. 1/10

gebaut, dessen Portal an seinem gebrochenen Bogen eine mehrgliedrige Profilirung aufweist (Abb. 7). Über diesem Vorraum und der Ostwand des Presbyteriums sind Renaissancegiebel; der Kalkbewurf hat Rusticaspuren aus dem 16. Jahrh.

Innen ist das Schiff 15 m lang und 8 m breit, schmucklos, mit flacher Decke. Den spitz gebrochenen Triumphbogen schmückt eine einfache Hohlkehle. Der 6·50 m lange und 4 m breite, mit einer geraden Ostwand abschliessende Altarraum besitzt ein einziges Kreuzgewölbe, dessen keilförmige Rippen jederseits in flachem Bogen ausgekehlt sind; Rippenansätze und Schlusssteine schmucklos.

Kelch von vergoldetem Silber aus dem 15. Jahrh. (Abb. 8), 0·20 m hoch, auf sechstheiligem, profilirten Fuss, dessen Übergang zu dem Schafte von zierlich gegossenem Masswerke umsäumt wird. Den grossen Nodus in Form einer plattgedrückten Kugel durchbrechen 18 schöne Masswerke mit spätgothischen Formen. Auf dem sechsseitigen Schaft unten die alte gravirte Inschrift criſtus, oben modern MARIA. Die Cupa ist mit einem durchbrochenen, gegossenen Mantel gothischen Rankenwerks umkleidet. Auf der alten Patene ein Kelch eingravirt.

Glocken: 1. Höhe 0·75 m, Durchmesser 0·75 m. Glatt, am oberen Rande die einzeilige Inschrift: anno ◊ domini ◊ m ◊ Cccc ◊ lxxxi ◊ ad ◊ laudem ◊ dei ◊ homnipotentis ◊ Et ◊ beate ◊ marie ◊ virgini ◊ (!)

2. Höhe 0·64 m, Durchmesser 0·64 m, glatt, am oberen Rande die einzeilige gothische Inschrift: ◊ BEGINNE ◊ DOS ◊ EIN + GWTE + RIFE ◊ GOT ◊ WOS + I ◊ (!)

Abb. 3. Dobromětitz. Kelch 0·20 m hoch).

3. Höhe 0·42 m, Durchmesser 0·56 m, umgegossen von Karl Bellmann. (Auf allen Innenwänden der Kirche wurden bei der letzten Restaurirung wohlerhaltene Frescomalereien aus dem 14. Jahrh. von angeblich vorzüglicher Ausführung aufgefunden, jedoch wieder übertüncht.)

Domauschitz — Domousice.

Sommer, Kön. Böhmen XIV., 45. — Veselý, Gesch. d. Bes. Citolib 47. Funde von prähistorischen Ansiedlungen mit Stein- und Knochenartefacten, sowie Thonscherben. Mitth. d. Centr.-Comm. 1890, 109, Veselý, Gesch. d. Besitz. Cit. 1895, 47.

PFARR-KIRCHE, dem hl. Martin geweiht, im J. 1754 vom Prager Canonicus Andreas Kneisl erbaut, ist einschiffig mit halbkreisförmig geschlossenem Chorraum, unschön in den Formen und von ärmlicher Einrichtung.

Das Altargemälde des heil. Martin und acht kleine ovale Brustbilder der hl. Landespatrone und anderer Heiliger, Arbeiten des vorigen Jhrh.

Monstranze barock, 0·57 m hoch, aus vergoldetem Silber, strahlenförmig, mit Engelsköpfen, dem Brustbilde Gott Vaters und der Taube. Zu beiden Seiten Füllhörner mit Trauben und Kornähren; Bogenornament mit Engelsköpfen am Fusse. Die Ausführung schwach.

Kelch 0·25 m hoch, aus vergoldetem Silber, ähnlich wie die Monstranze ausgeführt und geschmückt.

Pacificale monstranzenförmig, 0·38 m hoch, von gleicher Ausführung.

Die Glocken auf einem besonderen Glockenthurme; 1. Höhe 0·40 m, Durchmesser 0·50 m, auf dem Mantel die Reliefgestalt des hl. Martin und die Inschrift: NICOLAVS LÖW IN PRAG GOSS MICH. PECZI A STAROSTI ANTONÍNA MICHALA CAIO. S. THEOL. BAC. KOST. S. VITA NA HRAD PRAS. A W STAR. BOL. CAN. S. APOL. DEKA PROT. NOT. APO. TEH. CZA PANA 1722. — PO UKRADNUTÍ PRZEDKA MEHO ISEM UDIELAN. OD LWA ZWONARZE PRAZSKEHO KE CTI KRISTA BOHA SINA A SLUHI SWATEHO MARTINA NA TUTO ZWONICI ZAWESEN ABICH ZDE BIL OD WSSECH SLISSEN.

2. Höhe 0·43 m, Durchmesser 0·55 m. Auf dem Mantel ein Madonnen-Relief, das lateinische Ave Maria und die Inschrift: NICOLAVS LÖW IN PRAG GOSS MICH 1682. COOPERANTE SERVO EIUS TOB. JOAN. BECKER CAN. PRAG AD S. VITUM ET DEC. S. APOLL. ANNO 1682. — TU NOS AB HOSTE PROTEGE ET MORTIS HORA SUSCIPE.

Dřevíč.

Sommer, Kön. Böhmen XIV., 44. — Veselý, Gesch. d. Bes. Citolib 45.

Alter Burgwall von doppelten Wällen umgeben, an der Westseite frei. Eine Stelle am Wege über die Brücke, wird »eisernes Thor« genannt. Unter dem Burgwalle wurde eine grosse Menge menschlicher Skelette, sowie eiserne Waffen, Pfeile, Bronzegegenstände, Urnen und es-förmige Schläfenringe gefunden; die Sage erzählt, dass der Richter Řehoř Hauda aus Kozojed im XVI. Jhrdt. daselbst einen Schatz gehoben habe, aus welchem er eine Glocke für die Winařitzer Kirche giessen liess (vide Winařitz). Sommer, XIV., 44., J. E. Wocel Pravěk země České 429, Woldřich, Beiträge zur Urgeschichte Böhmens, IV., 12 und V, 18, Šnajdr, Počátk. předhist. místop. země české 17, und Veselý, Gesch. d. Bes. Cit. 45.

FILIAL-KIRCHE dem hl. Wenzel geweiht, auf dem geschützten Nordpunkte der Burganlage, angeblich 1694 erbaut, war einschiffig, rechteckig, wurde jedoch im J. 1890 theilweise abgetragen, so dass bloss ein gänzlich restaurirter Altarraum mit dreiseitigem Schluss und gerader Decke verblieb; ganz schmucklos.

Bronzekreuz, am Bergabhange gefunden, derzeit im Besitze des H. Ant. Merz in Laun, 0·07 m hoch, 0·05 m breit, aus zwei hohlen, aneinander gepassten Hälften verschiedenen Ursprunges bestehend und als Reliquiar hergerichtet. Die eine Hälfte, byzantinisch, trägt auf dem unteren Theile des Hauptbalkens ein Madonnenrelief, zu dessen Seiten die Buchstaben *MP* a ΘΓ eingravirt sind. An den oberen drei Enden der Kreuzbalken emaillirte Medaillons mit Brustbildern bärtiger Heiliger. Die Contouren sind gravirt, Mäntel, Bärte und Haare in blauem Grubenemail, von feiner Durchbildung. Die zweite Hälfte, mitteleuropäischen Ursprungs, hat innitten das Relief des Gekreuzigten, an beiden Enden des Querbalkens runde Medaillons mit Brustbildern von Heiligen, roh gravirt und unbeholfen mit blauem Grubenemail geschmückt, an dem oberen Kopfende eine Rundscheibe mit Emailkreuz auf gebogenem Balken. Wohl aus dem 10.—11. Jhrh.

Hříškov.

Prähistorische Ansiedlung; Thongefässcherben und beschnittene Geweihe im Pardubitzer Museum, Bronzearmbänder älteren Typus im Launer Museum. Šnajdr, Poč. předhist. míst. země české 16.

Hřiwitz — Hřivice.

Sommer, Kön. Böhmen XIV. 38. — Veselý Joh., Geschichte der Fürst Schwarzenbergischen Domaine Postelberg etc. 1893, 148.

Aschengruben, eine Steinaxt (in Frauenberg). Mittheil. der Anthrop. Gesellschaft in Wien 1884, 204, Veselý, Gesch. d. fürstl. Schwarz. Besitz. Postelberg 1893, 148.

PFARR-KIRCHE des hl. Jacobus, bereits im J. 1363 von einem Pfarrer verwaltet, dann Filiale, seit 1845 als Pfarrsitz erneuert. Das im J. 1724 errichtete Gebäude besteht aus einem rechtwinkeligen Schiffe und einem halbkreisförmig geschlossenen Presbyterium, von Bruchstein mit Kalkbewurf. Sein Äusseres wird von gekuppelten Lesenen mit Fries und Gesimse gegliedert. Zu Seiten des Westportales und im Chorschluss sind drei Nischen mit Sandsteinstatuen von Heiligen, ohne Kunstwert. Über dem Ziegel-Dach erhebt sich in schöner Silhouette das Sanctusthürmchen. Das kunstlose Innere ist 20 *m* lang und 7·60 *m* breit.

Monstranze, von vergoldetem Silber, 0·54 *m* hoch, strahlenförmig mit schöner Cartouche und dem Relief Gott Vaters; am Nodus Engelsköpfchen, am Fusse der hl. Jacobus in Relief, Pflanzendecor und die Aufschrift: Zu Ehren des Grossen Apostels Jacobi in der Fürst Schwarzenbergischen Hriwitzer Kirchen gegeben worden anno 1744. Unten die Marke:

Der Glockenthurm, aus Stein auf viereckigem Grundriss schmucklos erbaut, mit Zwiebeldach, steht abseits der Kirche.

Glocke: Höhe 1·01 *m*, Durchmesser 1·02 *m*. Am oberen Rande die zweizeilige Inschrift: 𝕬𝖓𝖓𝖔 ⚬ 𝖉𝖔𝖒𝖎𝖓𝖎 ⚬ 𝖒𝖎𝖑𝖑𝖊𝖘𝖎𝖒𝖔 ⚬ 𝕮𝖈𝖈𝖈 ⚬ 𝖘𝖊𝖝𝖙𝖔 ⚬ 𝖊𝖓 ⚬

ego ⁕ Campana ⁕ nunquam ⁕ pronuncio ⁕ uana ⁕ ignem ⁕ uel ⁕ ferlum ⁕ bellum ⁕ funus ⁕ honeftum ⁕ Qui ⁕ me ⁕ fecit ⁕ Magifter ⁕ bartholomeus ⁕ Canulator ⁕ nomen ⁕ habet in ⁕ noua ⁕ Ciuitate ⁕ pragenci ⁕ fit ⁕ Laus ⁕ (!) Unter der Inschrift das Relief des hl. Jacobus, 0·14 m hoch.

Jungfer-Teinitz   Týnec Panenský.

Schaller, Top. d. Kön. Böhmen I., 190; Sommer, Kön. Böhmen XIII., 74; Fr. Beneš, Památky archeologické VIII., 132; Krupka, Lounsko, 126; Gruber, die Kunst des Mittelalters in Böhmen II. 86; Legis Glückselig-Zimmermann, Die aufgehobenen Klöster 97; Květy 1871, 300, 311; Neuwirth, Gesch. der christl. Kunst in Böhmen 397; derselbe, Geschichte der bild. Kunst in Böhmen vom Tode Wenzel III. bis zu den Husitenkriegen I. 497; Branis, Jak psí historii českého umění,· 44. Topogr. Beschreibung des Kön. Böhmen in Archive des böhm. Museums.

Hügelgrab mit Skelett, bei welchem eine grosse, prächtige Fibel römischen Provincial-Typus gefunden wurde, theils mit römischen, theils mit nordischen Ornamenten. Im Launer Museum. Kučera, Český lid 1895, 473.

DIE PFARRKIRCHE, dem hl. Georg geweiht, bereits im J. 1393 von einem Seelsorger verwaltet, im J. 1722 verbrannt, 1749 neu erbaut, ist ein einfaches, kunstloses Gebäude von Kreuzform mit halbkreisförmig geschlossenem Presbyterium, 26 m lang.

Taufbrunnen von Zinn, 0·80 m hoch; der glatte, mit drei Engel- und zwei Löwen-Köpfen geschmückte Kessel ruht auf drei barock verbogenen Füssen, welche an Manns-Masken ansetzen und in Vogelfängen auslaufen.
Bezeichnet mit dem Wappen der Prager Altstadt und einer Marke, deren Jahreszahl 17(15?) unklar ist.

Kelch aus vergoldetem Silber, unverziert, 0·21 m hoch, mit dem Merkzeichen des Silberarbeiters Leopold Lichtenschoff und mit dem Wappen der Kleineren Stadt Prag (dat. 1708) versehen.

Glocken: 1. Höhe 1·04 m, Durchmesser 1·08 m. Zwischen zwei Ornamentstreifen des oberen Randes die Aufschrift: MICH HAT GOSSEN IACOB CONRAD LOCHNER IN PRAG. Inmitten des Mantels: LETHA 1744 SOV: TITO: ZWONI | PRV SKRZE WOHEIN ROZPVSTIENI ZAS NANOWO FRZELITI ZA CASV | REGIROWANI DVSTOINE WELEBNI PANNI PANI MARIE ANASTASIE KORBELIVSOWI RZADU S. M. CLARI: | W KLASSTERZIE: S: P: ANYSSKI ABBATISSE | (!) Zu beiden Seiten die Relieffiguren des hl. Lorenz und Wenzel.

2. Höhe 0·82 m, Durchmesser 0·87 m, zwischen zwei Ornamentstreifen am Kronenrande die Aufschrift: MICH HAT GOSSEN IACOB CONRAD LOCHNER IN PRAG 1744, am Mantel die Reliefgestalt des hl. Nicolaus.

3. Höhe 0·66 m, Durchmesser 0·70 m. Die Ornamentstreifen und Aufschrift gleichen den vorhergehenden; am Mantel das Relief des hl. Adalbert, darunter: BENED: RELISV: DV: GABRIEL CASPAR ABB STRCH.(!)

Grabstein aus rothem Marmor, 1·90 m hoch, 0·80 m breit, in der unteren Hälfte das Wappen, in der oberen die theilweise verschwundene Aufschrift: (leta Panie M̃o DLxxii (··) | ten Autery przed S. Duchem |

Abb. 9. Jungfer-Teinitz. Portaltheil.

dokonal żiwot swuj Prozeny a | stateczny rytirz Pan Gan | Mladota solopisk a Na brioze | tuto tielo geho pochowano | gest ozekawage radostnieho | od mrtwejch wstani. (!)

Grabmal des Johann Tuscany aus dem J. 1800 auf dem nahen Friedhofe. Auf dem vierseitigen Unterbau mit böhmischen Sprüchen und

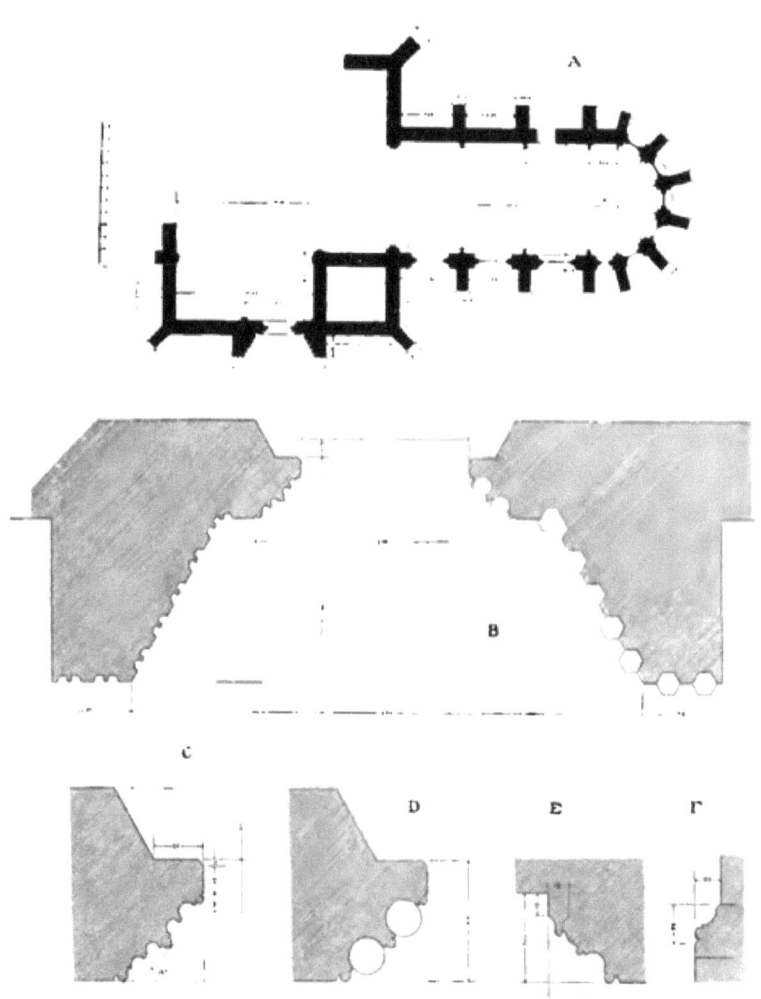

Abb. 10. Jungfer-Teinitz, Klosterkirche: A Grundriss; B, C, D Portal; E Profil der Leibung der Sedilennische; F Sockelprofil.

der Grabinschrift ein schlanker Obelisk mit Vase; zu den Seiten desselben der stehende Genius des Glaubens zum Himmel weisend, und eine sitzende Frau, als Allegorie der Trauer, einen Menschenschädel betrachtend.

CLARISSINNEN-KLOSTER, gegründet um das Jahr 1280 von Plichta von Žerotin und 1321 reich dotirt von dessen Nachkommen Jaroslav und Habart, wurde nach dem Brande im Jahre 1382 neuerrichtet, nach den Hussitenkriegen 1443 hergestellt, 1548 mit neuen Wohngebäuden versehen und 1783 aufgehoben.

Die Kirchenruine besteht aus einem langen, orientirten Presbyterium, dessen Gemäuer bis zur Höhe der Gewölbesansätze aufrechtsteht, und einem auffallend kurzen, dreischiffigen Langraume, von welchem jedoch bloss die Südmauer mit dem Hauptportale, Theile der Westmauer und Grundlagen der übrigen Mauern sich erhalten haben. Von den gewesenen vier Pfeilern sind drei bis auf den Grund verschwunden. Der Bau war überhaupt nie beendigt worden, wie aus den nicht vermauerten Gerüstlöchern zu ersehen ist. Auch die Gewölbe bestanden nicht, zweifellos desgleichen das Fenstermasswerk. Die Mauern und der Kern der Pfeiler und Strebepfeiler bestehen aus gebrochenem und geschichtetem Plänerkalk, die Profile, Laibungen, Dienste und Ecksteine aus behauenem, feinkörnigen Sandstein.

Das durch seine Grösse imposante Äussere wird von mächtigen Strebepfeilern mit je zwei Absätzen gegliedert; rundum läuft ein profilirter Sockel. (Abb. 10. F.) Während die Nordseite, wohl zum Schutze gegen das Unwetter, vollkommen vermauert ist, öffnen sich an der Ost- und Südseite grosse Fenster und ein prächtiges Südportal.

Das Südportal (Abb. 9.—10.), zwischen zwei Strebepfeilern des Langschiffes eingereiht, ist an den sich nach Aussen öffnenden Seiten mit 18 Statuennischen geschmückt; ihre Consolen, an welchen geometrische Formen mit Pflanzenschmuck abwechseln, ruhen auf schlanken in halbkreisförmigen Auskehlungen eingelassenen Säulchen (jetzt durch Mörtelverputz verdeckt). Die äusseren Nischen, je zwei an den Vorderseiten und je fünf an den schrägen Laibungen, werden von drei Seiten des Sechseckes gebildet. Dieselben tragen architektonische Baldachine, während die vier inneren, niedriger gesetzten Nischen mit kreisförmigem Durchschnitt von Brustbildern geflügelter Engel überhöht werden. Die beiden letzten der einst hier stehenden Statuetten sind vor einigen Jahren verschwunden. Der ungegliederte Portalbogen ist im Halbbogen gewölbt, jedoch modern, in seiner Mitte von Ziegelsteinen und ganz verputzt; aus demselben Materiale ist auch die obere Wand, in welche zwei gothische Adler, Wappen der Žerotine, eingelassen sind. Die beiden erneuerten Bogenansätze lassen derzeit die Frage unentschieden, ob das Portal ursprünglich im Halbkreisbogen oder gebrochenem Bogen überwölbt war. Die seitlich vom Portalsockel aufstrebenden Profilglieder, Rundstäbe und ein Birnstab sammt den zugehörigen Auskehlungen weisen auf eine bedeutend höhere Portalwölbung.

Das Innere des dreischiffigen Kirchentheiles, 18 *m* lang und 20 *m* breit, hatte jederseits zwei Pfeiler, deren einzig erhaltener mit seinen runden Diensten, sowie einer Statuettennische mit ruinösem Baldachin aus der Ecke des im 18. Jahrh. eingebauten Thurmes hervortritt. Auf dem aus der Südwand hervorragenden, mit drei breiten Auskehlungen versehenen Bogen ruhten wohl die vier Kreuzgewölbe, welche die Empore trugen.

Der Triumphbogen, welcher bei einer Spannung von 7·90 *m* zu imposanter Höhe aufsteigt, wird reich von Rundstäben und Auskehlungen profilirt und in der Höhe der Fenstersohlbank von drei kelchförmigen Consolen, leeren Nischen und stark beschädigten Baldachinen unterbrochen. Erst über diesen entwickelt sich in der Höhe von 7·30 *m* das volle Profil, dessen Mittelglied, ein breiter Rundstab, links auf dem gekrönten Haupte eines Mannes, rechts auf dem einer Frau aufliegt.

Das Presbyterium von 21·70 *m* Länge und 9·10 *m* Breite übersteigt wohl die Höhe von 20 *m*. Der Chorschluss wird von sieben gleich langen Seiten des Zehneckes beschrieben, die Gliederung der fensterlosen Nordwand lässt die beabsichtigte Wölbung von drei Kreuzen erkennen. Drei breite, sehr hohe Fenster, wohl viertheilig gedacht, durchbrechen die Südwand, sechs schlanke die Ostseite. Innere und äussere Laibungen sind reich mit durchwegs runden Gliedern profilirt, so dass bloss an der Langseite schmale Wandstreifen erübrigen. Das in der Höhe von 5 *m* umlaufende Sohlbankgesimse ist abgeschrägt, unten stark ausgekehlt und bei den Ansätzen der Gewölbedienste von Consolen unterbrochen, von denen sich zwei, gekrönte Häupter darstellend, erhalten haben.

Die Gewölberippen, einfach birnförmigen Profiles, werden zu dreien als Dienste gepaart längs der Wände bis auf die Consolen des Sohlbankgesimses herabgeleitet. Ohne von Capitälen unterbrochen zu werden oder ihr Profil zu ändern, übergehen sie in bedeutender Höhe mit leichtem Schwung in die Wölbungslinie.

Die Sediliennische, von rechtwinkeligem, reich profilirtem Gewände umrahmt (Abb. 10, E) und in dessen breiter Auskehlung mit höchst zartem Weinlaubrelief geschmückt, sollte in ihrer oberen Hälfte ein auf zwei Consolen aufruhendes Masswerk erhalten.

Durch Kunstwerth, Grossartigkeit der Gesammtanlage, Schönheit der Detaillirung und meisterhafte Ausführung reiht sich diese malerische Kirchenruine den hervorragendsten Denkmälern des Königreiches Böhmen an. Die gleiche Profilirung der Fenster, der Sediliennische, des Triumphbogens und des Südportales beweist, dass das Gebäude bei langsamer, jedoch einheitlicher Bauführung während des 14. Jahrh. errichtet wurde; nach den beiden Adlern am Südportale, den Wappen der Žerotine, ist zu schliessen, dass das Werk durch die reiche Schenkung im Jahre 1321 eine besondere Förderung erfuhr.

Vom Klostergebäude hat sich bloss ein schmuckloser Bau, als Getreidespeicher eingerichtet, erhalten; sein mit einfacher Bossage umrahmtes Portal trägt im Schlussteine die Jahreszahl 1548 A Z L (Anna z Litoměřic).

ZWEI STADTSIEGELSTÖCKE von Silber, beim Gemeindeamte aufbewahrt; 1. aus dem 15. Jahrh., 0·049 m im Durchmesser zählend, mit dem Adler der Žerotine und der Aufschrift: sigillum civitatis tynensis ✱ auf dem gefalteten Spruchband (Abbildung 11.);
2. aus dem 16. Jahrh. 0·053 m im Durchmesser, mit gleichem Wappen und Spruchband: SIGILLVM · CIVITATIS TEINENSIS. (Abb. 12.)

Abb. 11. 12. Jungfer-Teinitz. Stadtsiegel. (½ Grösse.)

FILIAL-KIRCHE des hl. Blasius, ausserhalb der Stadt, einfaches Barockgebäude aus Bruchstein, einschiffig und orientirt, von rechteckigem Grundriss, innen 13 m lang und 6 m breit.

Ciborium sammt Deckel 0·225 m. hoch, von Silber mit getriebenen, weissgelassenen grossen Blumen auf vergoldetem glatten Grunde und zwei Engelsköpfen am Fusse. Der Cupamantel durchbrochen, mit Doppelwappen und der Jahreszahl 1674. Am Fussrande ein undeutliches Stadtzeichen (Prager Kleinseite 1666?) und die Marke: 🏷

Die Kirchenbänke sind mit guten Intarsien des vorigen Jahrhunderts geschmückt.

Thorschloss, 0·52 m lang, vortreffliche Schmiedearbeit des 18. Jahrh. mit einem heraldischen Adler im durchbrochenen Schilde.

Brunnenhaus bei der Kirche, offene Halle von acht toscanischen Steinsäulen mit Holzgebälk und Holzkuppel, 18. Jhrh.

Konotop — Konětopy.

Funde von prähistorischen Ansiedlungen. Thongefässcherben, Steinartefacten. Schneider, Mittheilungen der Central-Commission 1890, 109.

Koschow — Chodžov.

Sommer, Kön. Böhmen, 60. — Veselý, Gesch. d. Bes. Citolib, 98. — Gedenkbuch des Pfarramtes aus d. J. 1748.

Steinartefacten am Berge bei Chodžov (Sammlung Mikš in Prag). Auf der Parcelle No. 409 jüngere Heidengräber mit Urnen und Bronzenadeln. (In Frauenberg.) Šnajdr, Poč. předh. míst. země České 17, Veselý, Gesch. d. Bes. Cit. 98.

PFARR-KIRCHE, dem hl. Michael geweiht, bereits im J. 1370 von einem Pfarrer verwaltet, im J. 1838 neu erbaut, war nach Zeichnungen des Gedenkbuches ursprünglich gothisch.

Hauptaltarbild, St. Michael stürzt den gefallenen Engel mit einer Lanze in die Tiefe, ein vorzüglich gemaltes, breitbehandeltes Ölgemälde auf Leinwand, 2·00 m hoch, 1·50 m breit. Wird dem *Peter Brandel* zugeschrieben (der gefallene Engel übermalt).

Kelche: 1. Höhe 0·244 m, die silberne Cupa ist schmucklos, der Fuss aus Kupfer trägt die Inschrift: »Ecclesiae Worasicensis 1793« und das Zeichen:

2. Höhe 0·265 m, auf der silbernen Cupa und dem Fusse aus Kupfer je drei kleine Emaillebilder von Heiligen befestigt, Schluss des 18. Jhrh.

3. Höhe 0·22 m, aus Kupferblech, die Cupa mit gut getriebenem Barockornament, auf dem Fusse die Inschrift: »Chozov«.

Abb. 14. Koschow. Leuchter, 0·115 m hoch.

Pacifical-Kreuz aus vergoldetem Kupferblech, 0·31 m hoch, mit gravirtem Rankenornament schön verziert, 18. Jhrh., am Fusse die Inschrift: »Chozov«.

Abb. 14. Koschow. Grabsteinplatte, 1·95 m hoch.

Romanischer Leuchter in Bronzeguss, 0·115 m hoch, auf drei hohen Füssen (Abb. 13.).

Messgewänder: 1. Casula, schwarz in Kreuzstich auf weissem Stramin ausgeführte Särge, Katafalke, Leuchter, Flammen und Todtenköpfe; die Mittelstreifen haben Band- und Blumendecor aus gelegtem Silber, 18. Jhrh.

2. Casula in Kreuzstichstickerei mit färbigen Blumen, 18. Jhrh.

3. Casula mit grossen Schwertlilien, Rosen, Nelken u. a. in Nadel-Malerei und gelegtem Gold, 18. Jhrh.

Glocken: 1. Höhe 1·02 m, Durchmesser 1·10 m. 2. Höhe 0·80 m. Durchmesser 0·81 m, beide im J. 1804 von Johann Gold in Leitmeritz umgegossen.

Grabsteinplatte 1·91 m hoch, 1·02 m breit, aus rothem Marmor mit schöner Reliefgestalt der Verstorbenen und der Umschrift:

. . tha 1611 30 10bris Purzela Projeně a Bohabogna Pani Katerzina rozena Hedwidkowa Projeně° a Slalecyně° Rytirje Pana Bohuslawa Bakostelsko°ͥ Bilejowa na Wessowiczich a Koslic Pani Matka; A tuto Tielo gegi gest poctiue ob Prjatel pohrjbeno(!). (Abb. 14.).

Gothischer Schlussstein, ein Überrest des Gewölbes der ehemaligen Kirche, rund, 0·406 m im Durchmesser, mit einem in Relief ausgeführten heraldischen Adler, aus Plänerkalkstein, in die Mauer einer Scheune im Pfarrhofe eingelassen.

Barockes Säulencapitäl aus Sandstein mit Engelsköpfen an der Ecke der Gartenmauer daselbst, wohl ebenfalls aus der gewesenen Kirche stammend.

Statue der Rosenthaler Mutter Gottes, am Weg nach Počedlitz, schwache Sandsteinarbeit laut Inschrift vom Jahre 1737, auf hohem dreiseitigem Pfeiler mit weit ausladendem Gebälkstheile, umgeben von einer Steinbalustrade.

Kozojed — Kozojedy.

Zahlreiche Stein- und Knochen-Funde. Sammlung Merz in Laun. Šnajdr, Poč. předh. mist. země české, 17.

Krendorf — Trstěná.

Bronzedepôtfund (in Frauenberg und in der Sammlung Mikš in Prag). Woldřich, Mitth. Anthrop. Gesellsch. XIII., 27. Mitth. Centr.-Comm. XIV. 161, Pam. arch. XII., 201, 203, 444, Niederle, Lidstvo v době předhist. 341, 36, 342, Rychlý, Die Bronzezeit in Böhmen, 80, Veselý, Gesch. d. Schwarz. Bes. Cit. 99.

Kystra.

Auf der Wiese »Ládová« Eisen-Funde in Urnen. (Nach Woldřich aus der La Tèn-Periode.) Bei der Schafhürde eine prähistorische Ansiedlung mit Steinartefacten und Thonscherben. Mitth. Anthrop. Gesellsch. 1889, 92, Šnajdr, Poč. předh. místop. země české, 93.

Laun. — Louny.

Mikšovic Paul, Handschriftliche Kronik von Laun 1526—1631, in böhmischer Sprache verfasst, in der Waldstein'schen Bibliothek zu Dux. — Mojžiš Joh., Handschriftliche Annalen der Stadt Laun, im Launer Stadtarchiv, 18. Jhrh. — Schaller. Top. d. Kön. Böhm VII. 45. — Sommer, Kön. Böhmen XIV. 53. — Wuns Rudolf, Dějiny svob. král. města Loun 1868. — Krupka V., Lounsko 1872. — Beneš Frant., Památky archaeol. VIII. 135. — Klíma Ad. Jar., Světozor 1873, 65 u. 117. — Vladika, Notizen über Laun.

Gefunden wurden: bei der Kirche ein Thongefäss, ein gekrümmtes Schwert wahrscheinlich La Tèn'schen Ursprunges und eine Fibel von römischem Typus; in der Ziegelei des H. Drtina Skelette, bei denen ein eiserner Schlüssel lag; ein krugförmiges

Gefäss und eine Steinaxt (Sammlung Merz in Laun) — Spuren prähistorischer Ansiedlungen befinden sich an drei Orten: Rechts an der Strässe nach Postelberg auf Feldern mit aschiger Erde Grafitscherben und Scherben mit gestochenen Ornamenten. Die zweite Ansiedlung am Egerufer zwischen der Zuckerfabrik des H. Valtera, mit vielen prähistorischen Thongefässcherben; daselbst ein Depôtfund gefunden bestehend aus Armbändern mit Spiralen und Nadeln, sämmtlich aus Bronze. (In der Sammlung Merz.) Beim Damme an der Eger Steine zum Zerquetschen von Getreide und handgearbeitete Scherben. »Na Mělcích« war die dritte Ansiedlung; Culturschichten am Hügelabhange gegenüber der Eger mit grossen Mengen von Steinartefacten; die Ansiedlung erstreckt sich bis nach »Březno«. Šnajdr, Mitth. d. Centr.-Comm. 1890, 109, Pam. Arch. XIII. 236; Mitth. d. Anthrop. Gesellsch. XIV. 203.

Der bereits im Jahre 1088 erwähnte Ort wurde von König Přemysl Ottakar II. zur königlichen Stadt erhoben und befestigt.

DIE STADTMAUERN, von König Wladislaus neu errichtet, erstreckten sich nach den jetzigen Überresten und nach den ungenauen Stadtansichten (aus dem J. 1617 von Jakob Hufnagel in Braun's Civitates orbis terrarum VI. und aus dem J. 1650 in Merian's Topographia Bohemiae) längs der Ost-, Süd- und Westseite der Stadt (nördlich der Fluss); sie bestanden aus einem breiten Graben und einer festen Mauer mit zahlreichen Basteien. Von den gewesenen zwei Thoren und drei Pforten erübrigt bloss ein Thorthurm.

SAAZER THOR — Mikovec Ferd., Alterthümer und Denkwürdigkeiten Böhmens I. 61; Wunš, Děj. Loun, 98; Beneš, Pam. arch. VIII. 135; Gruber B., Die Kunst des Mittelalters in Böhmen IV. 89; Klíma, Světozor, 1873, 118.

Dasselbe ist auf rechtwinkeligem Grundriss von 10·60 *m* Breite und 2·75 *m* Tiefe aus Plänerkalksteinquadern bis zur Höhe von zwei Stockwerken errichtet; seine Durchfahrt wird von einem gebrochenen Bogen mit 4·40 *m* Spannung überwölbt. Während die innere der Stadt zugewandte Seite glatt blieb, ist die Aussenseite reich mit Steinmetzarbeit verziert. Der Bogen, dessen Profil eine vortretende Schräge, zwei Rundstäbe, zwei Auskehlungen und ein Birnstab bildet, wird von einem rechtwinkelig gebrochenen Gesimse umrahmt, während ein zweites, aufgekröpftes Gesimse das Erdgeschoss vom Oberstock trennt. Die Mitte desselben nimmt eine umrahmte Tafel ein, auf welcher zwei Engel das Stadtwappen mit dem gekrönten W (Wladislaus) halten; dieselbe wird von einem krabbenbesetzten Schilde mit hoher Fiale überhöht. Zu beiden Seiten standen je zwei jetzt verschwundene Statuen und zwar unten auf Blattconsolen, oben in Nischen; vier architektonische Baldachine bekrönten sie. Die beiden kleinen rechtwinkeligen Fenster, zwischen welche diese Decoration eingereiht ist, besitzen profilirte Gewände mit in den Winkeln sich kreuzenden Gliedern. Oberhalb des zweiten, horizontal durchlaufenden Gesimses mit einfacher Abschrägung und Unterkehlung, befand sich ursprünglich ein weiteres, niedriges und schmuckloses Geschoss ohne Fenster, auf welchem vorgekragte Balken ein hölzernes Dachgeschoss mit Umgang trugen; dieses wurde im J. 1842 sammt seinem niedrigen Hohlziegel-Dache und dem schlanken Mittel-

Abb. 15. Laun. Saazer Thor. Gez. von Arch. C. Hilbert.

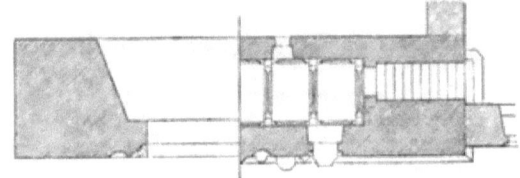

thürmchen durch eine Zinnenbekrönung ersetzt. Auch von dem plastischen Schmucke sind derzeit bloss geringe Reste vorhanden. Oberhalb der Durchfahrt befinden sich auf drei Steintafeln folgende Aufschriften (auf der Abbildung nicht eingezeichnet):

NISI ı DOMINVS ı CVSTODERIT ı CIVITATE FRUSTRA VIGILAT ˙ QVI CVSTODERIT ı EAM

PROPRIUM . COMODVM ˈ OCCVLTVM ı ODIVM ː IVVE ͜ NILE ı CONSI-LIVM ı SVBVERTE RVNT . ROMANV ı IMPERIV.

O F)ELIX CIVITAS ı QVE EDIFICATVR . TEMP ˌ ORE ı PACIS . ANNO ˌ DOMINI ı MᵒCCCCC". (!)

Der einzige im ersten Stockwerke befindliche Innenraum mit einfacher Balkendecke ist vom Nachbarhause zugänglich.

DAS PRAGER THOR, im Jahre 1836—1840 demolirt. — (Wuns, Děj. Loun. 61, 67 a 106.) war nach der im Launer Stadt-Museum aufbewahrten Copie eines von Šembera im J. 1824 ausgeführten Aquarells und nach den Bemessungen des H. Anton Merz von rechtwinkeligem Grundriss bei 5°3′ Breite und 3°2′ Tiefe. Das Erdgeschoss von Haustein trug ein vorgekragtes Obergeschoss von Fachwerk, über welchem sich ein schlankes Satteldach erhob. Die Aussenseite war der des Saazer Thores nicht unähnlich. Die Profiltheile des Durchfahrtbogens durchdrangen sich im Schlusse, ebenso das Profil des den Bogen umrahmenden doppelten, beiderseits im rechten Winkel gebrochenen Gesimses. Eine Steintafel über dem Thorbogen trug folgende Aufschrift: EXAVDI DEVS ORATIONEM SERVI TVI APERI OCVLOS TVOS ET VIDE CIVITATEM HANC AVERTATVRQVE OBSECRO IRA TVA ET FVROR TVVS A CIVITATE ISTA. Inmitten des ersten Stockwerkes befand sich eine vierseitige Relieftafel mit zierlicher Umrahmung von gothischem Blattwerk, in welcher zwei gewappnete Männer das Stadtwappen mit dem gekrönten W (Wladislaus) hielten. (Abgebildet in «Květy« 1870, 320.) Oberbalb desselben ein rechtwinkeliges Fenster mit in den Winkeln gekreuzten Profiltheilen. Die innere, der Stadt zugewandte Seite war schmucklos, nur durch einen Umgang auf Steinconsolen zwischen dem ersten und zweiten Geschosse gegliedert. Ein grosser, im Jahre 1580 vergoldeter Kelch wurde 1624 entfernt; die Zugbrücke wird 1643 erwähnt.

DECANAL-KIRCHE, dem hl. Nicolaus geweiht. — Zap K.VI., Památky archaeol. VI. 138; Wunš, Děj. Loun, 47; Klima. Světozor 1873 52 mit Abbild.; Mocker Josef u. Gruber B., Mittheilungen des Architekten- u. Ingenieur-Vereins in Böhmen IV. 1; Gruber B., Kunst des Mittelalters in Böhmen, IV. 57; Mocker u. Lehner F., Method XI. 64 a 86; Mádl. K. B., Světozor 1881, 404, 415; Štědrý Franz., Method XVIII. 14; Winter Sigm.: Kulturní obraz českých měst I. 436; Braniš J., Dějiny středověkého umění v Čechách II. 135; Herain Joh., Ottuv Slovník náučný VI. 401; Neuwirth J., Öster.-ungar. Monarchie in Wort und Bild. Böhmen, 271; Antl Th., Pam. arch. XVII, 335.

Die Kirche, auf dem höchsten Punkte der Stadt in engen Gassen unweit des Marktes stehend, erhebt sich an der Stelle einer bereits im Jahre 1384 genannten und 1415 erneuerten Pfarrkirche. Als diese im Jahre 1517 bis auf die Thurmmauern abbrannte, schritt man zum Neubau, bei welchem (in den Rechnungen im Stadtbuche I. E. 11. des Launer Archivs) der Steinmetz *Nikolaus von Prag* 1517, Meister *Benedikt* (Rieth von Piesting) 1519 bis 1524 und Meister *Paul von Pardubic* 1520—1523 genannt werden. Benedikt besuchte den Bau nur zeitweise, wobei er am 30. Oct. 1534 in Laun den Tod fand. Auf den Bau hat eine grosse, auf Mörtelbewurf erneuerte Aufschrift über dem Eingang zur Orgelempore Bezug.

Anno Dominice nativitatis | 1520 ff v an Reliquiaru* | Posita sut fudamta hus tepli | parochials Et esumatu e one edificiu 1538 ' ff vj an margale** ' opa et impresis civitatis huius (!).

Das jetzige orientirte Gebäude besteht aus dem älteren Thurme und dem jüngeren, dreischiffigen Hallenbau; im Jahre 1885—1892 wurde die ganze Kirche vom Dombaumeister Josef Mocker restaurirt.

Der **Thurm**, der einzige Überrest des ursprünglichen Gebäudes, ist auf quadratischem Grundrisse von 9·30 *m* Breite aus gebrochenem und geschichtetem Plänerkalkstein mit Sandstein-Eckquadern ohne plastischen Schmuck erbaut. Drei gothische Gesimse trennen die vier Etagen; die

---

* 19. April 1520. — ** 12. Juli 1538.

Abb. 16. Laun. Decanal-Kirche.
Nach Bemessungen der Arch. J. Mocker und C. Hilbert gezeichnet von Al. Masák.

beiden untersten derselben werden von schmucklosen Fensterchen durchbrochen, und zwar auf der Nordseite von zwei halbkreisförmigen (der Spitzbogen ist modern), auf der Westseite von rechtwinkeligen. In obersten Stockwerke befinden sich vier grosse Schallöffnungen, deren mit Rundstab und Auskehlung profilirte Gewände sich in stumpf gebrochenen Bögen schliessen. In der Höhe der Zinnenbekrönung, welche mit Blendmasswerk Stadt- und Landeswappen, sowie Kelchen geschmückt sind, steigt der Thurm

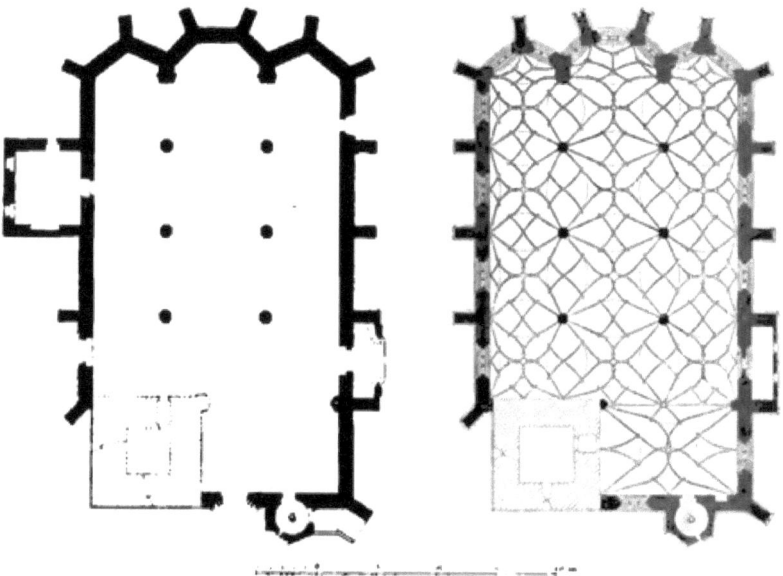

Abb. 17. Laun. Grundriss und Gewölbe der Decanal-Kirche. Gezeichnet von Arch. J. Mocker.

aus dem schmalen Umgange noch um ein niedriges Geschoss mit der Thurmwächterwohnung auf. Dieses trägt ein hohes, an den Schmalseiten dreiseitiges Satteldach mit zwei Pyramidenspitzen an der Oberkante und zwei schlanken dreitheiligen Dachluken. Thurmpyramiden an den vier Ecken begleiten ihn bis zur halben Höhe. Das Schieferdach wurde laut eines Contractes (Wunš l. c. 50) im Jahre 1521 von einem Meister *Adam* aufgesetzt. Der Zutritt zu dem Inneren des Thurmes, welches bloss eine Erdgeschosskammer enthält, wird durch die Kirche vermittelt.

Das Gemäuer des übrigen Kirchenbaues besteht aus gebrochenem und geschichtetem Plänerkalkstein, bloss die Stosssteine, die Gewände der Fenster und Portale, Masswerke und Schmucktheile sind aus Haustein hergestellt. Das Äussere blieb ohne Mörtelverputz.

Die an den Thurm anstossende Westseite enthält ein ausserhalb der Kirchenachse stehendes vermauertes Portal (Abb. 19.), dessen Profilglieder, Rundstäbe zwischen tiefen Auskehlungen, sich im Bogenansatz astförmig theilen, und im Bogenschlusse durchdringen. Die seitlichen, hohen Fialen, sowie die mittlere Kreuzblume sind zerstört. Zahlreiche Steinmetzzeichen (Abb. 18. a—f). Über dem Portale ist ein dreitheiliges F e n s t e r durchbrochen, dessen Masswerk gleich dem der übrigen Kirchenfenster eine hängende Lilie zwischen spätgothischen Formen besitzt. Die Gewände sind aussen und innen mit breiten Rundformen profilirt. (Abb. 22.) Seitlich tritt vor die Façade ein sechsseitiges T r e p p e n t h ü r m c h e n, mittels dessen man zur Orgelempore und zum Dachboden gelangt.

Die S ü d s e i t e gliedern sechs Strebepfeiler, von denen sich die an den Ecken stehenden schräg stellen. Dieselben sind, sowie sämmtliche fünfzehn

Abb. 18. Laun. Steinmetzzeichen der Decanal-Kirche.

a—f, vom Westportale; g—k, vom gebrochenen Bogen des Südportales; l, vom Halbkreisbogen desselben Portales; m, vom Nordportal; n—r, vom Gewände der inneren Westthür; s, t, vom Gewände der Emporenthür u—c', von den Pfeilern und Innenwänden; d', aufgemalt am Gewölbe; e', von der Stiegenwand der Kanzel f', vom Pfeilercapitäl der Kanzel.

Strebepfeiler der Kirche an ihrem einmaligen Absatze mit unterkehlten Wasserschlägen versehen und mit einfachen Giebeln sammt Kreuzblumen bekrönt. Bloss den südlichen Eckpfeiler des Chores schmückt eine leere Statuennische mit architektonischem Baldachin. Ausser einem niedrigen S o c k e l g e s i m s e mit flach anlaufender Kehle sind die Sohlbänke sämmtlicher Fenster durch ein K a f f g e s i m s e mit starker Unterkehlung und einem Rundstäbchen verbunden; diese Profiltheile durchschneiden sich an den Ecken der Strebepfeiler in der Weise, dass ihre überragenden Segmente kleine Dreiecke und Rundscheiben bilden. Die fünf schlanken, drei Meter breiten F e n s t e r gleichen in der Gliederung, der Profilirung des Gewändes und im Masswerke dem westlichen Fenster. (Abb. 22.)

Das H a u p t p o r t a l (Abb. 20, 21.) bildet zwischen dem zweiten und dritten Strebepfeiler eine kleine offene Halle mit einem reichen N e t z g e w ö l b e, dessen R i p p e n mit je vier flachen Kehlen und einem Stege profilirt (Abb. 25.), an den Wänden ohne Consolen auslaufen und im Mittelpunkte sich in einem blattgeschmückten runden Schlussteine treffen. Der weitgespannte Hauptbogen neigt sich bedeutend vor. Die Glieder seiner reichen Profilirung, deren Mitte ein kräftiger Birnstab einnimmt, durchschneiden sich in dem emporgezogenen Bogenschlusse, welcher die Reste einer Kreuzblume trägt. Zu beiden Seiten streben schlanke, krabbenbesetzte Fialen auf, über denen ein profilirtes Gesimse das Portal nach oben horizontal abgrenzt. Das Gewände der im Halbkreise überwölbten K i r c h e n-

Abb. 19. Laon. Westportal der Deconsi-Kirche.

thür deutet in seiner Bogenform, dem vielgegliederten flachen Profil und dem Detailschmuck von verschlungenen Bändern und Rosetten bereits die Nähe der Renaissanceepoche an. Ein gothisches Steinmetzzeichen (Abb. 18. l.), welches unter der neuen Lackfarbenschichte des inneren Thürprofiles zum Vorschein gekommen ist, und die Zeichen (Abb. 18. g – k) am

26

Abb. 30. Laun. Südportal der Decanal-Kirche.

äusseren Portalbogen sprechen für die Gleichzeitigkeit beider Arbeiten. Über der Portalhalle befindet sich eine kleine Kammer, deren zwei kleine, rechtwinkelige Fenster in der verputzten Brüstungsmauer Rahmenprofile mit flachen Viertelstäben aufweisen.

An der Ostseite tritt der dreiseitige Chorschluss des Mittelschiffes nur unbedeutend weiter vor als die von je zwei ungleich langen Seiten beschriebenen Abschlüsse der Nebenschiffe. Das mittlere und die beiden Eck-Fenster sind dreitheilig, die übrigen vier zweitheilig; ihre Gliederung gleicht, resp. ähnelt jener der Südfenster. Die Schlussmauer des Mittelchores wird von einem modernen Giebelfenster an Stelle eines älteren bekrönt.

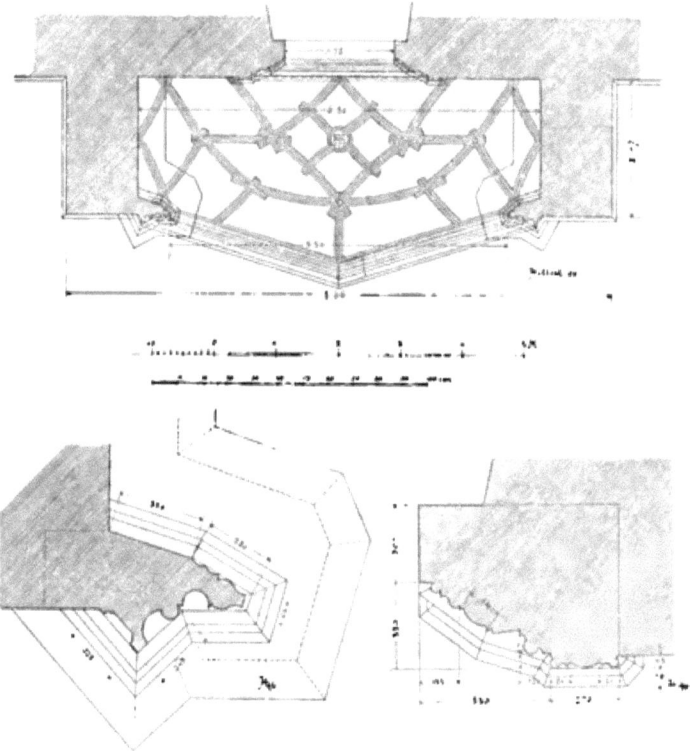

Abb. 21. Laun. Südportal der Decanal-Kirche.

Die Nordseite gleicht im Allgemeinen der Südseite. Ihr Portal entspricht in Lage, Grösse und Form vollkommen der inneren Thürlaibung des Südportales, ohne dessen Vorhalle und Detailausschmückung zu besitzen; daselbst ein Steinmetzzeichen (Abb. 18. m). Das rings umlaufende Kaffgesimse wird über dem Portale aufgekröpft. Die an der Nordseite angebaute Sacristei ohne Kunstwerth entstammt der Barockzeit.

Das Kirchendach (Abb. 16.) ist behufs malerischer Gliederung der ober dem Hallenbaue entstehenden allzugrossen Dachfläche in drei hohe sechsseitige Zelte zerlegt, deren mittleres in eine besonders schlanke Pyramide ausläuft und an Höhe beinahe die Thurmspitze erreicht. Die Schieferdeckung besorgte im Jahre 1537 Meister *Materna* aus Zwickau, welcher für seine zweijährige Arbeit 400 Schock M. Gr. (Wunš, l. c. 52) und einen Pelz erhielt. Das Sanctusthürmchen ist mit Kupferblech beschlagen; eine Aufschrift auf einem seiner Balken bestimmt die Entstehungszeit des complicirten Dachverbandes nach einer modernen Copie im Launer Stadtmuseum, $^1/_{10}$ nat. Gr.):

ANO IS ZZKROPOS HZP

Anno domini 1533 krow pos tawil) I. H. Z. P.

Das Innere der in allen Theilen gleichmässig hell erleuchteten Kirche wirkt höchst frei und saalartig, da die Altarräume bloss durch die Erhöhung um zwei Stufen von den Schiffen getrennt werden; diese sind 29·00 *m* lang und gleich hoch, und zwar beträgt die Höhe in der Mitte der Halle etwa 17·70 *m* Das Mittelschiff ist 8·50 *m*, die beiden seitlichen je 6 *m* breit; an der Westseite ist die Gesammtbreite infolge nicht ganz regelmässiger Anlage etwas grösser als in den Chorpartien. Westlich tritt der Thurm mit seiner ganzen Ausdehnung in den Kirchenraum, in dessen Verlängerung um 8 *m* die Orgelempore angeordnet ist.

Abb. 22. Laun. Fenster der Decanal-Kirche.

Ausser dem Süd- und Nordportale der Kirche, welche im Innern ganz schmucklos sind, befindet sich in der Westwand unter der Orgelempore ein derzeit vermauertes Thürgewände (Abb. 23.), welches zu dem äusseren Treppenthürmchen führte. Dasselbe, im Lichten 2·12 *m* hoch und 1·05 *m* breit, besitzt jederseits zwei sich astförmig theilende und im Schlusse

Abb. 23. Laun. Innere Westthür der Decanal-Kirche.
Bronze-Grabmal des H. Jan Hruška z Března.

kreuzende Rundstäbe, welche auf schmucken Sockeln aufsitzen, und ist mit zahlreichen Steinmetzzeichen versehen (Abb. 18. n r).

Durch die zweite Thür der Westwand betritt man das Erdgeschoss des Thurmes; die rechtwinkelige, einfache Umrahmung derselben von 1·70 *m* Höhe und 0·90 *m* Breite ist in den oberen Winkeln mit Profilsegmenten ausgefüllt und am Sturze mit einem Schildchen und dem Buchstaben W (Wladislaus) geschmückt.

Die dritte Thür von 1·75 *m* Höhe und 0·92 *m* Breite im Lichten, jetzt vermauert, führte aus dem Chortheile des südlichen Schiffes auf die

Gasse. Der breite Fries der renaissantisch profilirten und mit Gesimse bekrönten Thüreinfassung trägt ein aus zwei Drachenköpfen entspringendes Rankenwerk.

Das Gewände der **Thür** auf der Orgelempore wird von einer tiefen Auskehlung profilirt, welche im Thürsturz ein flaches Bogensegment bildet und sich in den oberen Ecken kreuzt. Daselbst Steinmetzzeichen (Abb. 18. s, t).

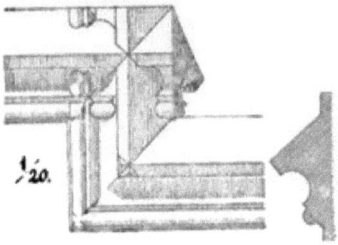

Abb. 24. Laun. Kaffgesimse.

Die **Mauern** (1·10—1·20 m stark) werden von 17 grossen Fenstern durchbrochen; ihre glatten Wände wurden in J. 1538 von einem Meister Vamša bemalt, später übertüncht und sind nun bloss von einem unter den Fenstern umlaufenden Kaffgesimse unterbrochen, welches dem äusseren im Profile gleicht und über den Eingängen aufgekröpft ist. (Abb. 24.)

Die sechs sehr schlanken, achtkantigen **Pfeiler** stehen auf Sockeln, von denen tief anlaufende Kehlen mit Rundstäben den Übergang vermitteln. Die Seiten der bloss 0·93 m starken Schäfte sind im Durchschnitte flach vertieft vergl. Abb. 28.) und verlaufen ohne Unterbrechung glatt bis zum Gewölbe. An Pfeilern und Wänden zahlreiche Steinmetzzeichen (Abb. 18u—c'; Řžiha Fr. Mitth. d. Centr.- Comm. 1881, Taf. 19. — Wernike F., Mitth. d. Centr.- Comm. 1886, LIV.)

Die **Rippen** des reichen **Netzgewölbes** (Abb. 25.) entspringen je acht unmittelbar den Pfeilerschäften und laufen an den Wänden todt oder sitzen auf eigenthümlich geformten Blattconsolen. Sämmtliche Hauptgurten sind in frei geschwungenen Linien geführt und werden von den

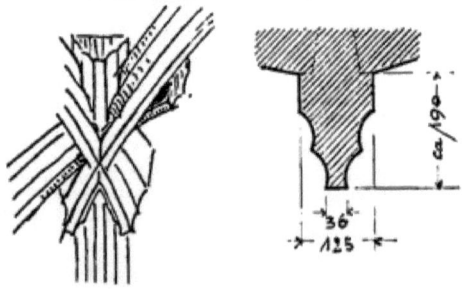

Abb. 25. und 26. Laun. Gewölberippen der Decanal-Kirche.

Nebenrippen in der Weise durchdrungen, dass die überragenden Segmente dasselbe nüchterne Profil wie die Rippen des Portalgewölbes aufweisen (Abb. 26.). Zwölf Schlusssteine bleiben glatt, scheiben- oder ringförmig, bloss der über der Orgelempore befindliche hängt tief herab; sein aus Holz geschnitzter Blumenschmuck verdeckt den älteren ebenfalls hängenden Schlussstein aus Plänerkalkstein.

Die **Orgelempore** nimmt den seitlich neben dem Thurme überbleibenden Raum ein und erstreckt sich ausserdem balconartig längs der ganzen Westseite; ihre Brüstungsmauer wird von schlanken geschmackvoll verzierten Säulchen, gleich denen der westlichen Innenthür (Abb. 23.), in eine Reihe von Feldern mit Blendmasswerken von nüchternen Spätformen getheilt; in der Mitte befindet sich das Stadtwappen.

Die Kanzel (Abb. 27., 28.; Gruber l. c. IV. 127) von Plänerkalkstein, gleichzeitig mit dem Bau der Kirche entstanden, ist an den ersten nördlichen Pfeiler nächst des Hauptaltares angelehnt und ruht auf einem fünfgliedrigen Pfeiler. Dreiseitige Masswerkfüllungen vermitteln den Übergang zu den fest

Abb. 27. Laun. Kanzel der Decanal-Kirche.

umrahmten, quadratischen Feldern der im Fünfeck geführten Brüstungsmauer. Dieselben, sowie die Felder der gleich gebildeten Stiegenwand, schmückt ein Blendmasswerk von Dreiblättern und Lilien. Der die Treppe abschliessende Portalaufbau ist bereits ganz im Sinne der nordischen Frührenaissance decorirt. An dem korinthischen Capitäle des Eckpfeilers sind Thiermasken, Acanthusblätter und Rosetten, auf dem Bogenschlusse, welcher noch die Form des spätgothischen Eselsrückens hat, sitzen zwei Engelstatuetten. Das Capitäl und die Stiegenwand tragen Steinmetzzeichen (Abb. 18. e', f.).

Altäre. Tafel I. — Klíma, Světozor 1873 51; B. Matějka, Časopis Společnosti přátel starožitností českých III. 1 und 60) Die Chorpartie aller drei Schiffe wird fast der ganzen Breite und Höhe nach von drei reichgeschnitzten, nicht polychromirten Barockaltären eingenommen. Der mittlere Hauptaltar bildet ein architektonisches Gerüste von zwei Geschossen auf einem doppelten, vielfach verkröpften Unterbau, welcher mit Fruchtbüschen und Engelsfigürchen in umrahmten Füllungen geschmückt ist. Zwischen den hohen, gewundenen und mit Laub umkränzten Säulen stehen auf den von Engeln getragenen Consolen in Nischen überlebensgrosse Statuen des hl. Adalbert und Ni-

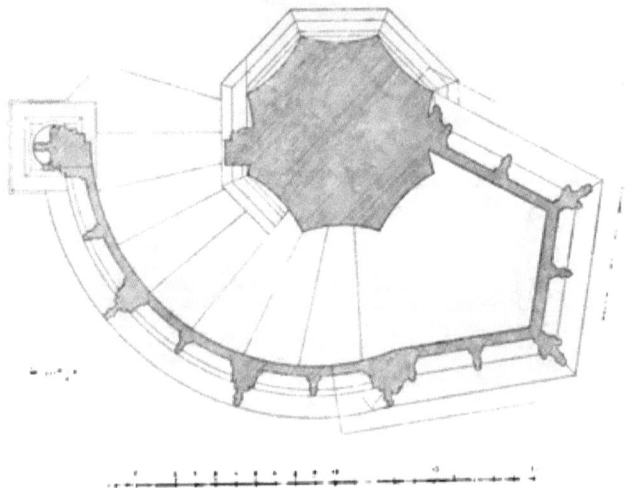

Abb. 26. Laun. Kanzel der Decanal-Kirche.

colaus. Die korinthischen Capitäle und der Fries des breiten Gebälkes sind reich mit Acanthuslaub bedeckt, der Giebel belebt von Engeln, welche Kränze hielten. Die Mitte nimmt ein grosses Gemälde, Christi Geburt, ein. Der bedeutend kleinere, ähnlich entworfene Oberstock bildet die Umrahmung eines kleineren Bildes der Glorie des hl. Nicolaus. Zu Seiten stehen Statuen der hl. Katharina und Barbara, und des hl. Wenzel und Florian. Der Tabernakelaufsatz ist modern. Die beiden niedrigeren Nebenaltäre bilden je zwei riesengrosse Acanthusrahmen, welche von je zwei Engeln auf reichgeschmückten Untersätzen emporgehalten werden. Der reiche figurale Schmuck, als Statuen der Pietà und Ecce homo in den Altaraufsätzen, der nebenstehenden Heiligen Joachim und Anna, Josef und Maria, sowie der im Rankenwerke sich tummelnden Engel wird durch die virtuose Ausführung des Ornamentalen noch übertroffen. Dagegen sind die Altargemälde: die Predigt des hl. Johannes und Johannes der Evangelist, sodann die Himmelfahrt Mariae und die hl. Dreieinigkeit von geringerem Interesse. Das ganze Werk wurde in den Jahren 1700—1708 errichtet, und zwar stammt die

Taf. I.

Altäre in der Sct. Nikolaus-Kirche zu Laun.
Ausgeführt in den Jahren 1700—1708 vom Tischler Markus Nonnenmacher, den Bildhauern Hieronymus Kohl und Franz Preiss, und dem Maler Johann Schummer.

Tischlerarbeit von *Marcus Nonnenmacher*, der plastische Schmuck von *Hieronymus Kohl* und *Franz Preiss* und die Bilder (mit Ausnahme des neuersetzten Johannes des Evangelisten) von *Johann Schummer*. (Die ursprünglichen Modelle dieser Altäre befinden sich im Launer Stadtmuseum, s. S. 47).

Taufbrunnen von Zinn, 1·10 *m* hoch; der auf drei geraden Füssen mit bärtigen Mannsmasken und fünffingrigen Pfoten aufruhende Kessel von 0·55 *m* Breite ist mit den roh gearbeiteten Reliefen eines, dreimal sich wiederholenden Heiligen mit Schwert und eines Wild tragenden Jägers geschmückt. Zu beiden Seiten je ein Löwenkopf mit Ring. Um den oberen und unteren Rand läuft die Umschrift: ISTVD OPVS PERACTVM EST PER MANVS WENCESLAI GLATOWIENSIS ANNO DOMINI MILLESIMO CCCCCXVIII — OST FESTVM GEORG S DOMINO CLEM SIMO ET FINITVM (!). Der Taufbrunnen wurde mit sieben Schock böhm. Gr. bezahlt (Winter, Kulturní obraz I. 455).

Die Kirchenbänke vom Jahre 1693 sind an den Stirnwänden von Säulen mit Gebälk gegliedert und an den Schmalseiten mit Rankenwerk und dem Halbmonde des Launer Stadtwappens geschmückt.

Grabdenkmal (Abb. 23.), zwei in eine Marmorplatte eingelassene Bronzetafeln, deren obere, 0·60 *m* hoch und 0·62 *m* breit, die kleine Relieffigur des ruhenden Ritters zwischen brennenden Kerzen trägt. Im oberen Streifen, sowie in der reichen ornamentalen Umrahmung die Aufschrift: HODIE MICHI GRAS TIBI. — LETA 1568. TEN AVTERY PO PAMAT CE ROZESLAI XII APOŠTOLV DOKOAL | SWVG CZASNY ZIVOT, VROZENY WLA | DYKA PAN YAN HRVSSKA Z BRZEZ | NA E[c] GEHOZTO TIELO W TOMTO MI STIE ODPOCZIWA, OCZEKAWAGE WESE | LE[o] Z MRTWYCH WSTANI A OSLAWE | NI SWEHO PAN BVOH RACZ DATI, | DVSSY GEHO WIECZNY ZIWOT. AME. Im unteren Rande: BRYCCIVS PRAGENSIS AVXILIO DIVINO FECIT ME. Zu Seiten der Festons hängen Embleme mit Schädeln, gekreuzten Knochen, Sense, Schaufeln und Kreuz. Die untere Tafel von 0·66 *m* Höhe, 0·50 *m* Breite enthält in einem ovalen Blumen- und Fruchtkranze das Wappen des Herrn Jan Hruška z Března. (C. Hilbert, Wiener Bauhütte 1893; Výstavní časopis arch. a nž. 1891, 112.)

Ciborium 0·33 *m* hoch, 0·17 *m* breit aus vergoldetem Silber, reich mit Smaragden, Saphiren und Diamanten besetzt, welche mit den meisterhaft getriebenen Cartouchenornamenten, Blumenfüllungen und Engelsköpfchen einen vorzüglichen Gesammteffect bilden. Wiener Arbeit vom Jahre 1714, bezeichnet

Casula, Pluviale und zwei Dalmatiken mit reich gestickten stylisirten Blumen und Bändern in gelegtem Silber und Nadelmalerei auf gelbem Seidenstoff. Tüchtige Arbeit des 18. Jhrh.

Messbuch vom Jahre 1713 in Sammteinband 0·32 *m* hoch, 0·23 *m* breit mit silbernen, getriebenen Beschlägen, in den Ecken grosse, beflügelte

Engelsköpfe, in den Mitten Monogramme Christi, auf den Spangen Engel. Gute Arbeit der ersten Hälfte des 18. Jhrh.

Glocken: 1. Höhe 1·16 m, Durchmesser 1·20 m. Die Kronenbänder sind mit Zopfmuster geschmückt, am Kronenrande die zweizeilige Umschrift: a natiuitate ⁂ domini ⁂ noctri ⁂ ihecu ⁂ chricti ⁂ Anno ⁂ domini ⁂ millesimo ⁂ Ccccc ⁂ nono ⁂ en ⁂ ego ⁂ campana ⁂ nunquam ⁂ pronunccio ⁂ vana ⁂ ignem ⁑ vel ⁂ secsum ⁂ bellum ⁂ aut ⁂ funuc ⁂ honectum ⁂ Qui ⁂ me ⁂ fecit ⁂ magicter ⁂ bartholomeus ⁂ nomen ⁂ habet ⁂ in ⁂ nova ⁂ civitate pragensis ex ⁂ hoc ⁂ laus ⁂ deo.

Nahe unter der Umschrift ein 0·13 m hohes Madonnenrelief, zwischen den Zeilen und am unteren Rande blattumwundene Bänder.

2. Höhe 1·05 m, Durchmesser 1·00 m. Die Kronenbänder sind mit blattumwundenen Strähnen geschmückt, am Kronenrande ein breiter Ornamentstreifen, von welchem Acanthusblätter herabhängen. Am Mantel vorne die Aufschrift: LETA PANIE 1610 TENTO ZWON GEST SLYT A ODEWZDAN GEST KE CTI A CHVALE SWATE | A NEROZDILNE TROGICE DO MIESTA LVNA K ZADUSSI IENZ SLOVE MATCE BOZI | NA MENSSIM PRZED MIESTI PODLE ODKAZV A ZADOSTI VROZENE PANII ANNI | MEYSTRZICKE Z BYLEIOWA A NA CHARWATCICH NAKLADEM PANA IANA REZLERA ǀ A Z LYSSIC V MIESTIE LVNA PAN BVH RACZ DATI ABY TO DILO KE CTI A CHVALE BOZI | A K WZDIELANII VPRZIMNYCH AVDV CYRKWE KRZESTANSKE SLOWA BOZIHO ׀ MILOWNIKUM PO WSSE CZASY SLAVZITI MOHLO AMEN.

Darunter zwei Wappenmedaillons der H. H. Rezler und von Bilejov, zwischen denselben ein Madonnenrelief und ein Engelskopf. Am unteren Rand ein blattumwundener Strang, von einer kleinen Relieftafel der Stäupung Christi und zwei bärtigen Mannsköpfen unterbrochen. Rückwärts in der Mitte unter einem Engelskopf der Gekreuzigte mit Maria und St. Johann, zu beiden Seiten Porträtmedaillen, unten ein Krebs; das Band am unteren Rande ist von acht kleinen Reliefs mit Frauengestalten unterbrochen. Über dem Crucifixe die Aufschrift: TENTO ZWON SLIL MATAEVSS FLEMIK KONWARZ SWOBODNEHO VMENI ZWONARZ W MIESTIE RAKOWNICE.

3. Höhe 0·80 m, Durchmesser 0·96 m, mit dem Reliefbilde des hl. Dominicus, ursprünglich von *Valentin Lissiak* in Prag 1721 gegossen und 1841 umgegossen.

4. Höhe 0·73 m, Durchmesser 0·73 m, am oberen Rande die Aufschrift: AVE MARIA GRACIA PLENA DOMINVS TECVM BENEDICTA TV IN MVLIEBRIS. Nach der Schriftform zu schliessen gleichzeitig mit dem Taufbrunnen; am Mantel das gleiche Relief eines Heiligen mit Schwert.

FILIAL-KIRCHE, in der Prager Vorstadt der Mutter Gottes geweiht. (Beneš, Pam. Arch. VIII. 134.) Dieselbe besteht aus dem um das Jahr 1500 errichteten und 1518 zuerst erwähnten Presbyterium und Langschiffe sowie dem angeblich im J. 1612 erbauten Thurme. Das Ganze ist orientirt, von Bruchstein, bloss die Gewände der Fenster und Portale, die Gesimse und Ecksteine aus Plänerkalksteinquadern, verputzt, derzeit vernachlässigt.

Der an der Westseite durch den Thurm führende Haupteingang von 2·35 m Höhe und 1·72 m Breite, ist mit einem Bogen in Form des Eselsrückens überwölbt und mit einem Birnstab, Rundstab und drei Auskehlungen profilirt (Abb. 30). Das Sockel-

Abb. 29. Laun. Mutter-Gottes-Kirche.

gesimse des Thurmes kröpft sich über dem Portale rechtwinklig auf; in Stockwerkhöhe ein kleines rechtwinkliges Fenster, darüber im Glockenraume vier stumpf gebrochene, renaissantisch profilirte Schallöffnungen. Das gothische Dachgesimse ist unterkehlt und mit einem Rundstab versehen.

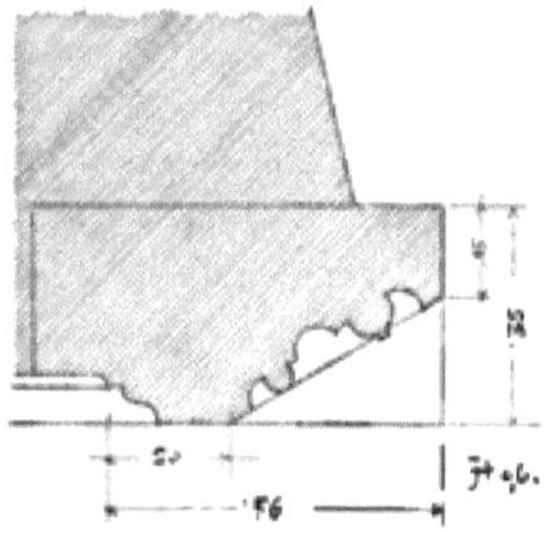

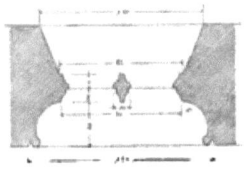

Abb. 30. Profil eines Portalgewändes der Mutter-Gottes-Kirche.

Das Kirchenschiff wird an der Westseite von zwei Strebepfeilern in der Richtung der Längsmauern unterstützt. Das südliche zweitheilige Fenster hat ein profilirtes Gewände (Abb. 31.) und Masswerk von nüchternen, spätgothischen Formen. Die Nordwand durchbricht ein kleiner, im Halbbogen gewölbter Eingang, dessen Innenkante einfach abgeschrägt ist.

Das Presbyterium wird von vier Seiten des unregelmässigen Fünfeckes beschrieben, so dass in seinen Schluss ein Strebepfeiler fällt. Seine fünf Strebepfeiler sind in halber Höhe und am Scheitel mit unterkehlten Wasserschlägen versehen; im nordöstlichen befindet sich eine kleine Nische für das Todtenlicht. Die Fenster sind zweitheilig mit gleichen, sehr nüchternen Masswerken.

Abb. 31. Fensterprofil.

Das einfache Innere des rechtwinkligen Schiffes von 7 m Länge 6 m Breite wird von einem einzigen Kreuzgewölbe überwölbt, dessen birnförmige Rippen sich in einer glatten Scheibe kreuzen und tief beim Boden auf Blatt- und Maskenconsolen aufsitzen. Das Presbyterium hat ein fünftheiliges Gewölbe mit ähnlichen Rippen, welche auf höhergestellte dütenförmige Consolen herablaufen. Der Triumphbogen ist breit, birnförmig profilirt.

Die sechsseitige Steinkanzel ruht auf einem rohen Pfeiler und enthält in den einfach umrahmten Feldern der Brüstungsmauer 1. die Inschrift: TATO GEST PAMATKA | TETO KAZATELNICE | KTERA V ZTO DAL GET VSTAVIETI SLOWVTNY | PAN GIRIK KOTNAR | LETA MDLXXXI, darunter ein Wappen mit einem stehenden Löwen, welcher eine Axt hält. 2. Das Relief eines vor dem Kreuze knieenden Ritters mit dem Monogramm N K. 3. Seine kniende Gattin mit vier Kindern. 2. Die zweite Gattin mit einem Kinde.

Die Kircheneinrichtung ist höchst arm, barock. Das Crucifix mit der Mutter Gottes und dem hl. Johannes auf dem Querbalken vor dem Hauptaltar wurde laut böhmischer Aufschrift im Jahre 1655 vom Bürger Wenzel Rak gewidmet.

In Stockwerkhöhe der Nordseite des Thurmes sind unzugänglich Steinreliefs eingemauert, Theile einer schönen Sculptur des 16. Jahrhunderts. Die grosse rechtwinklige Mittelplatte stellt zwischen zwei Karyatiden eines Mannes und eines Weibes in figurenreicher Gruppe die Erweckung des Lazarus vor. Ausserdem eine weibliche Karyatide und eine Eckgruppe von drei Karyatiden.

Das Kirchhofportal ist aus Plänerkalksteinquadern errichtet, im Halbkreisbogen überwölbt und rusticirt; dasselbe trägt an dem mit schön ausgeführtem Stadtwappen geschmückten Schlusssteine die Jahreszahl 1582. Über dem Gebälke, auf dessen Fries ein zweizeiliges böhmisches Gebet zu lesen ist, erhebt sich der niedrige, dreieckige Giebel.

Zahlreiche Grabsteine, theils in der Friedhofsmauer vermauert, theils im Beinhause deponirt (einige verdeckt):

1. Plänerkalksteinplatte, 1·60 m hoch, 0·86 m breit, mit dem Reliefe einer betenden Frau; im Wappen ein Kopf des Einhornes; oben dreizeilige, am Rande umlaufende Inschrift:

Letha panie 1598 we ct | wrtek po W . . . ch swatych po 9 | hodinie Umrjela gest poctiwa | pani Anna Streyciowa . . . . pochowana, tu v žiehawanij tjela z mrtwych | wzkryssenu a ziwota wiecneho.

2. Plänerkalksteinplatte, 1·60 m hoch, 0·85 m breit mit dem Wappen der Herren von Bilejov in der oberen Hälfte und dem Überreste einer Aufschrift in Renaissanceumrahmung: LET . . . . . E MD | LX . . III.

3. Plänerkalksteinplatte, 1·55 m hoch, 0·84 m breit, mit stark beschädigtem Salvatorrelief und unlesbaren Überresten einer Inschrift, 16. Jahrh.

4. Rothe Marmorplatte, etwa 2 m hoch und 1·05 m breit, mit einem verdeckten Wappen in der unteren Hälfte und einer Inschrift in einfacher Renaissanceumrahmung: Letha Panie 1610 w ctwrtek | po trjech Kralych . . . .

5. Plänerkalksteinplatte, 0·90 *m* hoch, 1·02 *m* breit, ursprünglich quadratisch, auf dem erhöhten Rande die Inschrift:

..... tnų Pan Pawel Wawrinerʒ | Bliestienin miesta Cuna gehoįto Cielo w tomto mystie odpocʒiwa.

Im Mittelfelde ein Vers aus dem 19. Capitel des Buches Hiob.

6. Plänerkalksteinplatte, 0·75 *m* hoch, 1·02 *m* breit, Fragment, der erhöhte Plattenrand trägt die Inschrift: Letha Panie 1595 u niediely Prowodni Usnul gest.... ieho wihrisseni.

In der Mitte ein Familienzeichen (Abb. 32.) und die Buchstaben PW.

7. Plänerkalksteinplatte, 1·00 *m* hoch, 0·66 *m* breit, in der oberen Hälfte die Inschrift:

PROSOPOPÆIA..... | NOBILITATE E ERVDITI... | VIRI D: GEORGII SSIF ... II A W .. SSE | CIVIS LAVNENSIS XH .. NA | MATVRA EX HAC VITA EVOCATO B M ! ANNO 1601 | VIX NOS LAVNA VIDET NATOS MATRE ECCE GEMELLO | DUM RVRSVS TRISTI FVNRE MEMBRA CADVNT | NEC MORS ACCVSANDA POLISCITVR AD ARCEM | VITAQVE SIC CRISTI MORTE PARATE DATVR. ERGO PATER PIA TVQVE VALE MATERCVLA MVNDI | HIC MISERI NOBIS GAVDIA NVLLA PLACENT.

Abb. 32.

Unten zwei Winkelkinder in Relief.

8. Plänerkalksteinplatte, 1·32 *m* hoch, 0·80 *m* breit, mit dem Reliefe eines vor dem Gekreuzigten knieenden Bürgers, links ein Knabe, rechts eine Frau mit Kind, oben die Inschrift:

LETHA P(ANIE) 1565 V SO | BOTV DEN (SV. PANNY) BENI | GNY PRZED (24) HODINAV | SLOWVTNY PAN IAN RIH(OVIC) MIESSTIENIN MIESTA LVNA PODKAW ! WSSY SE S SMRTI OD NI GEST PRZE ! MOZEN A WTOMTO MISTIE KRZE | STANSKYM SPVSOBEM POCHOVAN. KTEREHOZTO SMRT, NEWISSLI, TATO GEST | NECHT TOBĚ OZNAMIM, NA MOV WIRV ČEST | TEN KDYŽ SE Z CESTY DOMV NAWRACOWAL | PRED SAMYM MIESTEM ČEHOZ SE NENADAL ! NA WVZ BYV WLOŽEN TV TAK LEŽEL TISSE | A WTOM SPUSTI RUČNICE CO NEYSPISSE GEHO HLAWA WOTEWŘE AŽ HNED VMRZEL | TAK HLE BVH GEHO Z SWĚTA (POJITI CHTIEL) | WSSAK ZE DVSSE WEČNE SLAWY POZIWA | (K)DO GEST GENSSTO GINACE SE DOMNIWA.

9. Plänerkalksteinplatte, 1·50 *m* hoch, 0·94 *m* breit mit schön ausgeführtem Wappen der Sokol von Mor im hohen Relief, am Rande die Inschrift:

anno Domini 1590 Quǵtesimo | xi | ....

Das Übrige theils verdeckt, theils abgeschlagen.

10. Plänerkalksteinplatte mit gleichem Wappen und Aufschrift, gebrochen und verdeckt.

11. Plänerkalksteinplatte, 1·73 *m* hoch, 0·94 *m* breit, mit dem Reliefe einer liegenden Frau mit gefalteten Händen am Rande die Inschrift:

. . THA PANIE MDLXXV W SOBOTU PO NIEDIELI INVOCAVIT XVII DNE MIESYCZE BRZEZNA VMRZELA POCTIVA PANI MATKA MANZ..... GIRZY .... A TVTO POCHOWANA GEST OCZEKAWAGICZ BVDAVCIHO Z MRTWYCH WSTANI.

12. Rothe Marmorplatte, 2·00 m hoch, 1·08 m breit, in einer Renaissanceumrahmung das Brustbild eines Herrn im spanischen Mäntelchen mit breitem Kragen, ein Wappen haltend. Oben die Reliefinschrift:

Abb. 33. Laun, Madonnenstatue von Holz in der Friedhof-kirche. 1·00 m hoch.

TertIa LVX MaJI fVIt, hoCCe a WLKAVE GUsto | Vt IaCet InsIgnI CLarVs in Vrbe seneX.

In der unteren Cartouche stark beschädigt:

Letha 1609 v nedieli slove misericordia 23 dne Miesicze Mage v hodinu nesspornij 19 zemrzel gest v Panu Slowutny Pan Girzi Starssi . . . . . kowe mieslenin a v . . . Cizarzky Rychtarz miesta Luna Giehozlo Tielo tuto odpocziwa v Krystu Panu. (Nach Wunš, Dějiny Loun 43.)

13. Rothe Marmorplatte, 1·60 m hoch, 0·86 m breit, in der oberen Hälfte die Reliefinschrift:

Nobili et Clarissimo viro Domino Streyeri (Pio | serzky a Trzebska Civi ac Protoconsuli Rei | publicae Lunensis. Qui postquam honeste Vitae | suae annos 44 exegisset 28 Junij | anno MDCIV vita placide exem | ptus, uxor vidua, et duo filij superstites | hoc monumentum amoris et debitae observantiae ergo posuerunt ! Hospes quid sim vides, quid futura orti ! futurus ipse, quid sis cogita.

Darunter das Wappen mit dem Kopfe des Einhornes.

FRIEDHOFSKIRCHE, den 14 hl. Nothhelfern geweiht (Wunš, Dějiny Loun, 90.) in den Jahren 1714 bis 1718 erbaut (die Kosten betrugen 2056 fl.) auf einer Brandstelle aus dem dreissigjährigen Kriege. Dieselbe ist orientirt, rechteckig, einschiffig, ohne Thurm, künstlerisch werthlos. Ebenso die Kircheneinrichtung; den Altar verfertigte der Launer Holzschnitzer *Wenzel Chorn* für 200 fl., die Orgel *Wenzel Lebl* für 150 fl.

Madonnenstatue von Holz, 1·00 m hoch, geschickt geschnitzt, mit moderner Polychromirung, 16. Jhrht. (Abb. 33.)

Zwei Kreuze auf dem Friedhofe, 1·80 m und 2·30 m hoch, besonders das kleinere geschmackvoll aus Eisenstäben von vierkantigem Durchschnitt mit breitgeschlagenen Blattenden, 18. Jhrht.

SCT. PETERSKIRCHE. (Beneš, Pam. Arch. VIII. 134; Klima, Světozor 1873, 118 mit einer Abbildung des früheren Standes der Kirche.) Das ursprünglich katholische, schon im 14. Jahrht. erwähnte, jetzt den Protestanten helvetischer Confession vermietete Gebäude ist orientirt und besteht aus einem älteren Langschiffe, einem Presbyterium aus dem 15. Jahrht. und einem modernen Thürmchen; die Fenster und Portale sind spätgothisch. Das Baumaterial ist Plänerkalk, welcher an der Façade in kleinen Hausteinen, im übrigen Bau in Bruchsteinen verwendet ist; die Thür- und Fenstergewände sowie die Ecksteine sind aus behauenem Plänerkalk, ein hoher Sockel der Façade aus Sandsteinquadern.

Abb. 34. Laun. S. Peterskirche.

Die Westfront wird von einem Portale (Abb. 35.) durchbrochen, dessen profilirtes Gewände (Abb. 37 b, c, d) von 2·70 m Höhe und 1·25 m Breite sich in einfach gebrochenem Bogen schliesst; derselbe ist mit Krabben besetzt, von einer Kreuzblume überhöht, und begleitet von hohen Fialen auf Consolen in Form eines männlichen und weiblichen Kopfes. Die rechte Fiale ist mit einem Steinmetzzeichen (Abb. 36. a) versehen. Über dem Portale das Wappen der Herren von Černčic und ein Rundfenster ohne Masswerk mit breit ausgekehlter Laibung.

An die Südseite lehnt sich der neuangebaute Treppenthurm an, mittels dessen man zur Orgelempore gelangt. Neben demselben ein jetzt vermauertes, einfach im Bogenschlusse gebrochenes Portal, dessen Profil (Abb. 37. c) und Steinmetzzeichen (Abb. 36. a, b) seine Gleichzeitigkeit mit dem westlichen Portale beweisen. Das einzige Südfenster

Abb. 35. Laun. Westportal der S. Peterskirche.

des Schiffes ist dreitheilig, mit zwei Fischblasen und Dreipassen im Masswerke und einer breiten Auskehlung im äusseren Gewände (Abb. 38.).

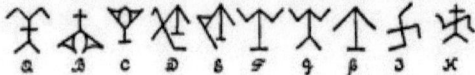

Abb. 36. Laun. Steinmetzzeichen in der S. Peterskirche. *A—H* von gothischen, *J—K* von renaissantischen Theilen.

An der Nordseite des Schiffes ist ein vermauertes Portal von 2·50 *m* lichter Höhe und 1·35 *m* Breite, dessen gebrochener Bogenschluss von einem Birnstabe zwischen Auskehlungen profilirt wird (Abb. 37. *a*); auf demselben wiederholt sich sechsmal ein Zeichen (Abb. 36. *a*). In bedeutender

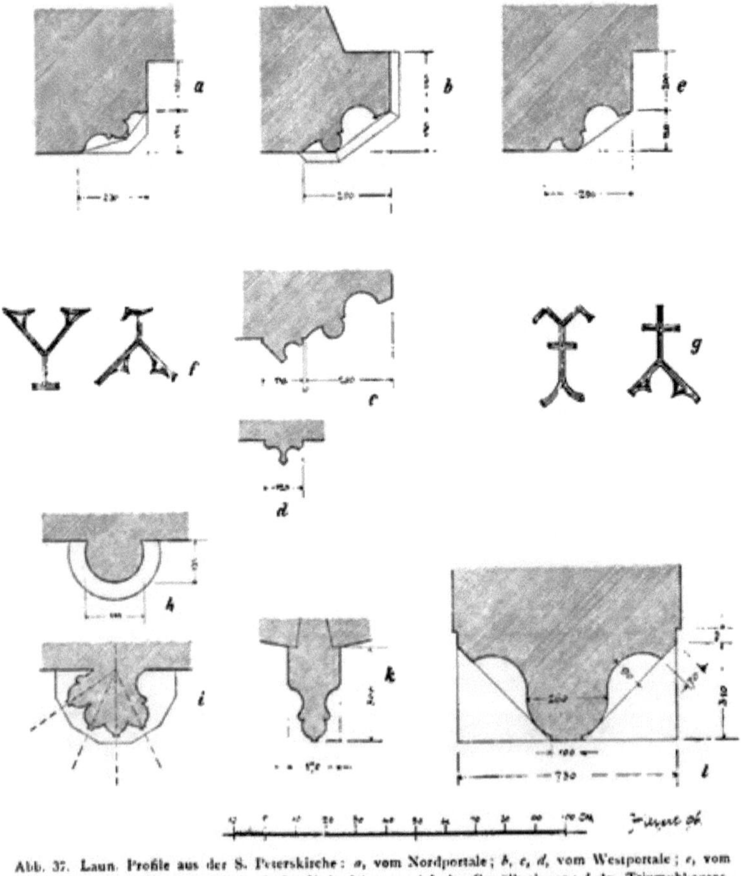

Abb. 37. Laun. Profile aus der S. Peterskirche: *a*, vom Nordportale; *b*, *c*, *d*, vom Westportale; *e*, vom Südportale; *f*, *g*, Steinmetzzeichen; *h*, Profil der Dienste; *i*, *k*, der Gewölberippen; *l*, des Triumphbogens.

Höhe befinden sich drei niedrige Fenster, deren zwei seitliche schmal und im gebrochenen Bogen mit Nasen besetzt sind; das breite Mittelfenster ist zweitheilig, mit dreiblättrigem Masswerk.

Das Presbyterium, im 15. Jahrht. angebaut (im J. 1462 wurde ein Dachstuhl aufgesetzt), wird von sechs Strebepfeilern gestützt, welche in der Höhe des Fenstergesimses abgestuft und von kleinen Fialen auf dreieckigen Giebelabschlüssen bekrönt sind; von den daselbst angebrachten Reliefen haben sich am Südpfeiler die gekreuzten St. Petersschlüssel und an den Ostpfeilern der Halbmond mit Stern (aus dem Stadtwappen) sowie der böhmische Löwe erhalten. Die untere Abstufung des Südostpfeilers trägt einen roh ausgeführten Christuskopf in Relief (mit einem Steinmetzzeichen, Abb. 36 *a*). Das abgeschrägte Kaffgesimse ist tief unterkehlt. Drei Ost- und zwei Südfenster haben zweitheilige Masswerke

Abb. 38. Laun, Fenster der S. Peterskirche.

von spätgothischen Formen, ihre Gewände sind innen und aussen mit breiten Rinnen versehen (Abb. 38.); daselbst zahlreiche Steinmetzzeichen (Abb. 36.). (Rziha, Mitth. Centr. Comm. 1881 tab. 19). Der Dachstuhl sammt Dach sind modern.

Das Innere hat ein einziges, flach gedecktes, rechtwinkliges Schiff von 11·60 *m* Länge und 7·50 *m* Breite. Auf dem von einem Rundstab mit Steg zwischen zwei Auskehlungen profilirten Triumphbogen von 4·20 *m* Spannung sind in der Höhe von 2·12 *m* links ein Manns-, rechts ein Frauenkopf als Consolen angebracht; bei dem ersteren ein Steinmetzzeichen (Abb. 36. *a*).

Das Presbyterium ist 9·20 *m* lang, 5·50 *m* breit und mit einem gothischen Gewölbe überdeckt, welches in seinem vorderen quadratischen Theil sternförmig ist und im Schlusse von fünf Seiten des Achteckes gebildet wird. Die birnförmigen Gewölberippen (Abb. 37. *k*) ruhen auf kreisrunden Diensten mit polygonalen Kelchcapitälen, welche von drei Rundstäben umspannt werden. In den scheibenförmigen Schlusssteinen das Stadtwappen (über dem Altare) und die gekreuzten St. Petersschlüssel (mit Steinmetzzeichen, Abb. 36. *f*).

Grabsteine: 1. Plänerkalksteinplatte 1·74 *m* hoch, 0·85 *m* breit, glatt, mit einem Wappen in flachem Relief und der umlaufenden, schönen Aufschrift:

Letha Panie 1568 Tu Stredu pred Swatym Waclawem M (urze) I gest urozeny wladyka pan Waczlaw Mates z wlkanowa a tulo pochowan, pan buoh raci dufsi geho milostiw byti.

2. Plänerkalksteinplatte, 1·20 *m* hoch, 0·65 *m* breit, mit den Überresten einer Aufschrift:

LETHA PANIE MD.LXX ! VIII. VMRZELA ZVZAN ! NA VROZENEHO WLADYKY PANA ..... A ..... LIN.... NNIE KATERI .....

3. Plänerkalksteinplatte, 1·80 *m* hoch, 0·75 *m*. breit, mit kleinem Wappen in der Mitte und einer schönen Reliefumschrift (Abb. in Sedláček, Hrady a zámky VIII 118).

leta z buonyho z tysycyho z cccc z dewadesate)" z druheho z tu z prwny z sobotu z w postye z umrzel z urozeny z pan z Gau z Truba z z Gawore z proste z jan z pana z buoha. z

4. Epitaphium von Plänerkalkstein, 2·25 *m* hohe und 1·00 *m* breite Wandarchitektur mit zwei seitlichen, canellirten Pilastern auf vierseitigen, mit Masken geschmückten Sockeln, welche von Blattconsolen getragen werden; in der Cartouche zwischen denselben ein schlafender Engel im Relief, auf dem Gebälke ein niedriger Giebel mit einem Engelsköpfchen. Im Mittelfelde ein Knabe in spanischem Costüm mit dem Wappen der Herren von Lukawec, vor dem Gekreuzigten kniend, zu dessen Seiten zwei Engel in den Lüften schweben, im Hintergrunde eine offene Landschaft. Vorzüglich im Gesammtentwurf und Detailausführung, mit zahlreichen Spuren der alten Polychromie. Im oberen Fries die Aufschrift:

A. D. MDLXXVII IANVARII XXIII PLACIDE IN CHRO OBIIT | OPTIMAE SPEI PVER SIGISMVNDVS NOBILIS ET EGREGII VIRI DNI IAROS LAI THABOR A LVKOWECZ FIL CVI CORPORI CENOTAPHIVM HOC M. P. P.

Auf der unteren rechtwinkeligen Tafel:
TRISTE MIHI EXEMPLVM VITAE SIGEMVNDE CADVCAE | TVAQVE ME MORTI NATE PARARE MONES | SED BENE HABET MORERIS CHR̄O SVB VINDICE VIV^S | SIC MIHI SIC DETVR TE MORIENDO SEQVI | FELICES QVORVM MORS CHRV̄M EST PACTA SEQVESTRV̄ | SOLA EST IN CHRISTO VITA BEATA MORI.

5. Plänerkalksteinplatte, 1·00 *m* hoch, 0·72 *m* breit, mit der Inschrift: LETHA PANIE. M. D. LXXXVIII W | PONDIELI PRZED HRONICI VMRZELA | DCERKA PANA VRBANA REZLERA Z LI | BSYTC A TIELO GEGY TVTO POCHO | WANO. DVSSE PAK W PANV GEZI | SSY KRISTV WIECZNIE ODPOTZIWA.

Abb. 39 Laun. Portal der Friedhofsmauer bei der Peterskirche.

6. Plänerkalksteinplatte, 1·10 *m* hoch, 0·60 *m* breit, mit der Reliefgestalt eines verstorbenen Mädchens, dem Wappen der Rezler und der Umschrift LETHA PANIE MDLXXVII .... ZLERA Z LISSYCZ A TIELO ...

7. Plänerkalksteinplatte, 1·36 *m* hoch, 0·85 *m* breit, mit der renaissantisch umrahmten Inschrift: M. O. A. F. | VIRO DOCTISSIMO M. A = | DAMO CHOLOSSIO REI PVB | LVNENSIS NOTARIO | . (Die nachfolgende lange Widmung bei Wunš, Dějiny Loun, 45.)

In der Kirchhofmauer ist ausserdem eine Hochreliefplatte vermauert, 0·76 *m* hoch, 0·40 *m* breit, einen Hund darstellend, welcher auf den Hinterfüssen sitzend, einen Menschenschädel in den Pfoten hält; darunter die Jahreszahl 1577. Zahlreiche Grabaufschriften, die ältesten von 1520 und 1549, sind schmucklos auf den Ecksteinen der Strebepfeiler eingravirt oder mit Röthel aufgeschrieben. Die Friedhofmauer, aus gebrochenem Plänerkalkstein erbaut, ist innen von Halbkreisbögen in zahlreiche nischenförmige Felder getheilt, welche zur Aufnahme von Grabsteinplatten bestimmt waren. Das östliche Hauptportal (Abb. 39.) jetzt vermauert und stark beschädigt, ist aus reichverzierten Plänerkalksteinquadern errichtet. Seine halbkreisförmig überwölbte Bogenöffnung ist ringsum von einem gleich bleibenden, sehr scharf ausgeführten Profile mit Eierstab, Zahnschnitt, Rautenreihe und Perlenschnur umrahmt; dasselbe wird bloss beim Bogenansatz von zwei gesimsartig gegliederten Capitälen unterbrochen. Zwei posaunenblasende Engel in Relief füllen die Zwickel über dem Thorbogen. Von dem einst reicheren Aufbau erhielten sich nur die seitlichen, rusticirten Mauerstreifen mit weit vortretenden Gesimsplatten und grossen Untersätzen, welche mit je einem schlafenden Engel geschmückt sind und auf verschwundene Doppelsäulen schliessen lassen. Das Giebelfeld enthielt eine jetzt ebenfalls verlorene Reliefplatte mit der Erweckung des Lazarus. Ein Steinmetzzeichen (Abb. 36*i*) wiederholt sich dreimal auf dem Bogenprofile, ein anderes (Abb. 36*k*) befindet sich auf dem linken Capitäle. Das zweite, derzeit noch benützte, nördliche Portal ist dem ersteren ähnlich, jedoch einfacher, im Halbkreise geschlossen, mit einer Bossage umrahmt und im Schlussstein mit dem Stadtwappen geschmückt. Im Friese ist die zweizeilige Inschrift eingemeisselt:

Abb. 40. Laun. Erker des Hauses der Sokol von Mor. Gezeichnet vom Arch. Jos. Mocker.

Abb. 41.

O PANE PRZIHRN DVSSY MAV K TOBIE A ZACHOWEG MNE W POKOGNEM CISTEM SWIEDOMY CHWALA IASNOST MAVDROST Y DIK CCINIENY CZEST MOCZ Y SYLA BVD BOHV NASSEMV NA WIEKY WIEKVW AMEN LETHA PANIE MDLXXVII.

Zu beiden Seiten des Portales je ein Hund, Knochen benagend, in Relief.

PRIVATGEBÄUDE: Das Haus der Sokole von Mor, Nr. 43 (Klima. Světozor 1873, 13 mit einer Abbildung des früheren Standes) ist ein spätgothisches, in den Jahren 1470—80 von Johann Sokol von Mor erbautes Gebäude mit schmuckem Erker (Abb. 40), dessen jetzt verstärkter Unterbau den Thorbogen bildet. Auf doppelter Vorkragung ruhen die drei Mauern des rechteckigen Obergeschosses, welches vorne von zwei, seitlich von je einem Fenster durchbrochen ist. Ihre Gewände mit horizontalem Sturz sind gegliedert, von Lilien und Krabben umrahmt und mit Giebeln sammt Kreuzblumen bekrönt. Die Erkerecken sind zu Nischen abgeschrägt, und mit Consolen, welche Menschenköpfe bilden, so wie mit architektonischen Baldachinen geschmückt; über denselben Wasserspeier. An der Brüstungsmauer das Wappen der Sokole von Mor, an der Zinnenbekrönung Blendmasswerke und Stadt- und Landeswappen. Das schlanke Satteldach stammt aus der im J. 1890 vom Dombaumeister Jos. Mocker ausgeführten Restauration. Im Inneren des Gebäudes behielt ein einziger, 9·10 *m* langer und 5·10 *m* breiter Erdgeschossraum sein altes, zweitheiliges Kreuzgewölbe, dessen profilirte Rippen (Abb. 41.) von Consolen, welche Menschenköpfe darstellen und fast beim Fussboden angebracht sind, zu den glatten, kreisrunden Schlusssteinen aufsteigen.

Abb. 42. Laun. Wasserspeier des Hauses No. 57.

Das Haus Nr. 57 am Marktplatze besitzt eine zweistöckige Renaissancefaçade von fünf Achsen, aus deren Mitte ein massiger rechteckiger Erker vortritt. Die Gebäudeecken und das halbkreisförmig überwölbte Portal sind bossirt, die kleinen Fenster einfach umrahmt; die grossen ungegliederten Wandflächen oben und unten von Gesimsen begrenzt, waren einstens wohl mit Sgraffiten bedeckt. Zwei hohe Frontgiebel werden von fünf toscanischen Halbsäulen und einem verkröpften Gebälke mit niedriger Attica gegliedert und von schweren Dreiecken bekrönt. Auf dem in beiden Stockwerken von je drei Fenstern durchbrochenen Erker ruht ein hölzerner Altan. Unter demselben ein aus Kupfer geschmiedeter Wasserspeier in Drachenform, unterstützt von einem schmiedeisernen Arm mit Spiralen und Blume (Abb. 42). Im Inneren der ersten Etage befindet sich ein Saal, dessen Frontseite von zwei, jetzt erweiterten Fenstern in schwerer gemauerter Arcatur durchbrochen wird; die übrigen drei Seiten des Saales sind von Holz in Blockverband, dessen horizontal geschichtete unbehauene Balken einzeln mit ihrer Rundung aus der Wandfläche vortreten. Auch die Decke besteht aus runden Balken, welche auf einem mächtigen, profilirten Längsbalken aufruhen.

Das Haus Nr. 53 auf dem Marktplatze, mit Laube, hatte ein reich geschmücktes Renaissanceportal, von welchem sich bloss ein Medaillon aus Plänerkalkstein mit dem Bildnisse Kaiser Rudolf II. (mit Birett, Mäntelchen und goldenem Vlies) erhalten hat; schöne Arbeit des 16. Jhrh., im Innern des Hauses aufbewahrt. Daselbst ein grosser Vorraum, dessen Gewölbe von zwei schweren, korinthisirenden Halbsäulen getragen wird.

Das Haus Nr. 54 besitzt unter seiner Laube ein profilirtes, gothisches Portal mit halbkreisförmigem Schlusse und in der ersten Etage eine mit geometrischen Formen schön verzierte, rechtwinkelige Thüreinfassung. Ein ähnliches Portal führt in das Nachbarhaus Nr. 55.

Auf dem Hause Nr. 112 in der Prager Gasse befindet sich ein schönes Renaissancewappen der Herren von Bilejov, auf dem Nr. 154 in der Judengasse ein gothisches Wappen der Herren von Črnčič in zierlicher, mit Krabben besetzter, rechteckiger Umrahmung. In der Gartenmauer (alte Brandstätte) bei Nr. 229 unweit St. Peter ein gothisches Thürgewände, dessen gebrochener Bogen mit Rundstab und Auskehlungen profilirt ist. Daselbst eine rechteckige Fensterumrahmung mit Steinkreuz und schöner Profilirung. Einfache Barockfaçaden an den Häusern Nr. 60, 113, 118, 274 u. a. m. Die Dechantei wurde in den Jahren 1704—1707 vom Maurermeister Dominik Ryga erbaut.

DEMOLIRTE GEBÄUDE. 1. Das Rathhaus, gothisch mit zwei Giebeln im J. 1550 errichtet, 1824 demolirt. — Wunš l. c. 36. Eine Ansicht, Aquarellcopie nach Šembera, im Launer Stadtmuseum.

2. Das Haus »bei drei Linden«, mit schöner Renaissançefaçade, wurde im Jahre 1884 demolirt. — Beschreibungen und Abbildungen im Světozor 1873, 65, 66 und in den Zprávy architektů a inženýrů XXI., 41. Das Portal gezeichnet von C. Hilbert in der Wiener Bauhütte XXI., 11; Grundrisse auf dem Launer Gemeindeamte.

3. Das Haus »zur goldenen Rose« mit schönem gothischen Portale — abgebildet im Světozor 1873, 65.

MADONNENSTATUE am Marktplatze auf hoher Säule mit barockem Maskencapitäle. Aufschrift: Mater Dei tVæ sls proteCtrIX LVnæ (1673).

BRUNNEN am Marktplatze, im J. 1576 vom Bildhauer *Vincenz Strašryba* mit zahlreichen Reliefen geschmückt, im J. 1700 demolirt. — (Dlabacz Künstlerlexicon III. 225; Dobicer, Časopis Českého Musea 1847; Mikovec, Lumír 1855, 64; Mikovec, Alterthümer u. Denkwürdigkeiten Böhmens I. 64.; Wunš l. c. 58; Gruber l. c. IV. 97.)

HOLZBRÜCKE (H. Jireček, Antiquae Boemiae topographia historica 76 ; Wunš l. c. 39, 53, 57, 71 a 72) über den Egerfluss von Laun nach Dohroměřic führend. Die erste Nachricht über Laun im J. 1088 spricht noch von einer Überfuhr, im J. 1295 wurde die Brücke bereits wiederhergestellt; im J. 1462 errichteten die Launer Bürger eine neue von Eichenholz, im J. 1542 wurde sie mit einem Schindeldach versehen, für welche Arbeit der Leitmeritzer Müller *Jacob* 310 Schock Meissn. Gr. erhielt. Nach dem Brande vom J. 1640 wurde sie in den J. 1644 und 1650 neu aufgestellt und 1896 demolirt.

SIEGELSTÖCKE, städtische, von Silber, (Mittheilungen der Central-Commission 1886 CXXVIII.) im Rathhause aufbewahrt. Das grössere Siegel im Durchmesser 0·065 *m* messend, mit Stadtwappen und Inschrift (Abb. 43), kommt bereits auf einer Urkunde vom J. 1410 vor. — 2. Der kleinere Siegelstock von 0·044 *m* Durchmesser mit Stadtwappen und Umschrift wurde angeblich im J. 1542 angeschafft (Wunš l. c. 53. Abb. 44).

DAS MUSEUM der Stadt Laun enthält ausser einer Sammlung von prähistorischen Funden, mittelalterlichen Gefässen, Ofenkacheln, Schlössern, Gittern, Waffen, Fragmenten von Altarschnitzereien und architektonischen Sculpturen nachstehende Gegenstände:

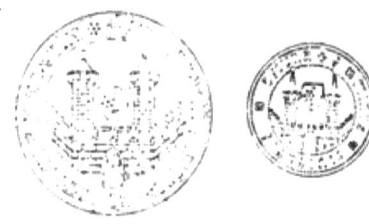

Abb. 43 u. 44. Laun. Silberne Siegelstöcke mit dem Stadtwappen, ½ nat. Gr.

Holzmodelle der drei Barockaltäre der Decanalkirche; das des Hauptaltares 1·80 *m* hoch, 1·03 *m* breit, im Aufbaue dem ausgeführten gleich, im Detail einfacher. Für die Seitenaltäre sind zwei verschiedene Entwürfe vorhanden, von denen der eine, 1·18 *m* hoch, 0·50 *m* breit, den Altären in der Kirche entspricht, der andere, 1·15 *m* hoch und 0·49 *m* breit, einen architektonischen Bildrahmen mit gewundenen Säulen bildet, auf welchem ein reicher Akanthusrahmen aufsitzt. Vorzüglich geschnitzt, schwarz, mit Vergoldung, ziemlich gut erhalten. Geschickt entworfene Bildskizzen auf Holzplatten. Die Modelle wurden im J. 1700 vom Tischler *Marcus Nonnenmacher*, den Bildhauern *Hieronymus Kohl* und *Franz Preiss* und dem Maler *Christian Dittmann* hergestellt (vergleiche S. 32).

Abb. 45. Laun. Gothischer Holzleisten. ⅒ nat. Gr.

Überreste gothischer Holzleisten, im Ganzen 1·30 *m* lang, 0·30 *m* breit in den Bänken der Decanalkirche aufgefunden, mit einem 0·12 *m* breiten Streifen spätgothischen Rankenwerkes, welches flach in zwei Ebenen geschnitzt ist; der Grund geschwärzt (Abb. 45).

Zwei Wappentafeln der Herren von Bilejov, geschickte Holzschnitzereien des 16. Jhrht.

Umgebungskarte von Laun aus dem J. 1765.

Aquarellcopien nach *Schembera's* Aufnahmen aus den J. 1822 bis 1824: das Saazer Thor, das Prager Thor und das gothische Rathhaus vom J. 1550 zu Laun.

Ölbilder: Allegorie der Gerechtigkeit auf Holz, 1·30 *m* hoch, 0·82 *m* breit, halbe Frauengestalt von Lebensgrösse mit interessantem Costüme, 16 Jhrht. — Doppelbildnis eines Ritters mit Frau aus dem J. 1620 auf Leinwand, 1·02 *m* hoch, 1·41 *m* breit, tüchtig gemalte Brustbilder von Lebensgrösse. — Habsburgischer Wappenadler von 1622 auf Holz. — Geburt Christi auf Leinwand 2·30 *m* hoch, 1·65 *m* breit mit zahlreichen, fast lebensgrossen Figuren, 17. Jahrht. — Zwei Heiligenbrustbilder auf Leinwand, oval von 1·00 *m* Höhe, erste Hälfte des 18. Jhrh. — Die hl. Maria Magdalena von ganzer Gestalt, in einer Grotte kniend, Ölbild auf Leinwand, 1·40 *m* hoch 1·00 *m* breit, dem *Peter Brandl* zugeschrieben, in seiner Weise; stammt aus der gewesenen Kirche dieser Heiligen in Laun.

Lateinisches Cancionale (Památky archaeol. III. 247), mit 427 Pergamentblättern, in weissem Ledereinband mit gepressten gothischen Verzierungen, 0·67 *m* hoch, 0·47 *m* breit; das schwere Bronzebeschläge stellt in der Mitte eine durchbrochene Masswerkscheibe mit einer Madonnengestalt vor, an den Ecken die vier Kirchenväter, auf der Rückseite das Lamm Gottes und die vier Evangelistenzeichen. Eine Titelminiatur und zwölf grosse Initialen mit biblischen Bildern, theilweise nach Dürer. Laut Aufschrift auf der letzten Seite von *Paul aus Melnik* verfertigt.

Lateinisches Cancionale in ähnlichem Einbande von braunem, schön gepressten Leder mit Bronzebeschlag, 0·71 *m* hoch, 0·46 *m* breit; 358 Pergamentblätter sind mit zahlreichen Randverzierungen und drei Initialen geschmückt, in Ausführung dem vorhergehenden ähnlich. Die letzten Blätter herausgeschnitten.

Böhmisches Cancionale vom J. 1563 in Ledereinband 0·65 *m* hoch, 0·45 *m* breit, auf dem Bronzebeschläge beiderseits die vier Evangelistenzeichen. Auf dem ersten der 425 Blätter ein Akrostichon dessen Anfangsbuchstaben den Namen YAN TABORSKY Z KLOKOTSKE HORY bilden. Zahlreiche figurale und ornamentale Miniaturen von *Fabian Puler* (Dr. K Chytil, Památky archaeol. XV. 609. Auswahl von kunstgew. Gegenst. a. d. retrosp Ausstell. in Prag 1891, 22, 23.).

Leneschitz — Lenešice.

Schaller Top. d. Kön. Böhmen. VII. 44. — Sommer Kön. Böhmen. XIV. 62. — Veselý Joh. Geschichte d. Fürst Schwarzenbergischen Domaine Postelberg 1893, 121. — L. Schneider, in Mittheilungen der Central-Commission 1890, 88. — Gedenkbuch des Pfarramtes vom J. 1753.

✠ ANO · ONI · OP
LX · II · ✠ FACR EST
H TVR RIS · SVB · DNO
BERbOLDO · ABBAO
PORTE APLOR NEC
NO · PLEBANO HVI
ECTE · NOM HE · ERS
TANO ✠

Abb. 46. Leneschitz. Romanische Inschrift auf dem Thurme. 1/10 nat. Gr.

PFARR-KIRCHE, dem hl. Simon und Judas Thaddäus geweiht, bereits im J. 1384 erwähnt. Das Gebäude wurde im J. 1800 neu erbaut und besteht nun aus einem rechtwinkeligen Schiffe, dem halbkreisförmig geschlossenen Presbyterium und dem vom alten Baue stehen gelassenen Thurme.

Der romanische Thurm in der Westfront ist auf quadratischem Grundrisse von 5 *m* Breite aus gebrochenem Plänerkalkstein errichtet und mit Mörtel verputzt; laut einer Inschrift auf einem Eckquader in der Höhe des ersten Stockwerkes stammt derselbe aus dem 12. Jahrh. (Abb. 46).

Die beschädigte Jahreszahl ist auf das Jahr 1162 zu deuten (Přemysl Ottokar I. überliess das Dorf Lenešic im J. 1226 dem Kloster zu Doxan, später ein Besitz des Klosters Postelberg).

Die Thurmfenster, theilweise vermauert und beschädigt, durchbrechen die vier Wände auf allen vier Seiten in zwei Reihen von Öffnungen, deren untere einfach halbkreisförmig überwölbt sind, während die oberen je durch zwei zierliche, sechsseitige Säulen mit Würfelcapitälen und gleichen Basen getheilt werden (Abb. 47.).

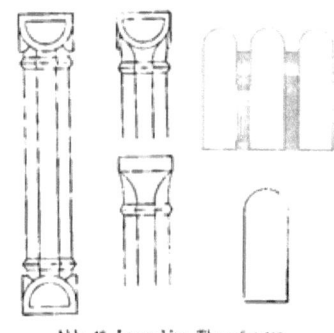

Abb. 47. Leneschitz. Thurmfenster.

Der Glockenstuhl trägt die Jahreszahl 1561.

Glocken: 1. Höhe 1·90 m, Durchmesser ebenso; am Mantel die Aufschrift:

CHRISTOF ULLMANN GOSS MICH IN PRAG 1737

Weiters die Widmung des Gr. Johann Philipp Clary-Aldringen und zwei breite Ornamentstreifen an den Rändern.

2. Die kleinere Glocke aus dem Jahre 1848.

Monstranz aus vergoldetem Silber, 0·65 m hoch, mit Strahlenkranz ist eine schwache Arbeit des 18. Jahrh. Am Fusse das Wappen der Gr. Clary-Aldringen und das Merkzeichen:

Lischtian — Léśťany.

Praehistorische Ansiedlung mit Stein- und Knochenartefacten, Gefässcherben und Thierknochen. Gefässe und Steinhammer in der dortigen Schule. Šnajdr, Poč. předh. mist. země české, 16.; Mittheil. der Centr.-Comm. 1890, 109.

Lužehrad — Lužehrady.

Culturschichten mit Asche, einzelnen Thongefässen und zahlreichen, verzierten Thonscherben (in der Sammlung Merz und im Stadtmuseum zu Laun).

Nečich — Nečichy.

Nahe am Orte finden sich auf den Feldern Scherben neolithischer Gefässe (eine daselbst gefundene kleine Hacke in der Sammlung Merz zu Laun). Šnajdr, Poč. předh. mist. země české 17.

Bezirkshauptmannschaft Laun.

Netluk Pnětluky.

Sommer, Kon. Böhmen. XIV. 38. — Veselý Johann, Geschichte d. F. Schwarzenberg. Domaine Postelberg 1893, 154.

Ein Schläfenring im Landes-Museum.

Die FILIAL-KIRCHE des hl. Matthäus, im J. 1363 als Pfarrkirche erwähnt, im J. 1765 von Leopold von Loewenegg erbaut, gleicht der Hřivicer Kirche, ist orientirt, einschiffig, rechtwinkeligen Grundrisses mit rund geschlossenem Altarraum, thurmlos, von schönen Verhältnissen und Details. Über der Westfront ragt ein hoher Giebel mit Vasen und Obelisken empor, Lesenen gliedern die Langseiten mit frei behandeltem dorischem Gebälke. Je zwei Fenster des Schiffes sind rechtwinkelig, flach umrahmt und mit flacher Mörteldecoration sowie mehrfach gebrochenen Gesimstheilen bekrönt, die beiden Fenster des Chorraumes sind barock ausgeschnitten. Das Sanctusthürmchen mit Zwiebeldach von wohlwirkender Silhouette.

Das 18·30 m lange und 8·30 m breite Innere wird von dorischen Wandpilastern mit scharfprofilirtem Gebälke belebt, die Sacristeithür trägt ein gebrochenes Gesimse.

Zwei nicht bezeichnete Sanctusglocken.

Von der gewesenen FESTE haben sich bloss die Grundmauern erhalten (der Grundriss bei Veselý, l. c. gezeichnet).

Ouřetz — Úherce.

In den Gärten ausserhalb des Ortes neolithische Aschengruben. Prächtiger Fund eines merovingischen Skelettgrabes mit einem Halsbande von 10 goldenen Anhängseln, zwei grossen silbernen, vergoldeten Fibeln, zwei silbernen Schnallen, einem Glaspokal und a. m. (Im Landesmuseum.) An der Strasse nach Kokowitz über 200 Reihengräber aus dem XI. Jhrh. Einige Schädel, Schläfenringe und eine aus Bronzedrähten geflochtene Kette, sowie eine römische Bronzefibel im Museum des Königreich Böhmen; anderes im Launer und Schlaner Stadtmuseum. Pam. arch. XIII., 235, 321, XVI., 132, 583; Matiegka, Crania bohemica; Niederle, Přísp. k anthr. zemi českých, I., 21; Šnajdr, Poč. předh. míst. země české, 48; Kučera, Český lid III., 563; Baron J. de Bay, L'art chez les Barbares à la chute de l'empire romain. Paris 1890; Baron du Baye, Antiquités Frankes trouvées en Bohême. Coen, 1894; Píč, Arch. výzk. ve střed. Čechách, 1893, LXVII.

Pátek.

Zwei merovingische Fibeln mit anderen Funden desselben Typus (Besitzer unbekannt) und la Tén'sche Funde am linken Egerufer (zwei Armbänder im Landesmuseum). Pam. archaeol. I. 293; VI. 313; Vocel, Pravěk země české, 48!; Šnajdr, Počátk. předhist. míst. země české, 15; Niederle, Příspěvky k anthr. zemi českých I. 22; Píč, Archaeol. výzkum ve Středních Čechách LXVII.

SCHLOSS, im ersten Viertel des 18. Jhrht. erbaut von den Strahöwer Prämonstratensern, denen das Gut bereits in vorhusitischer Zeit gehörte und nach langer Entfremdung im J. 1709 durch Kauf wieder zufiel. Das Äussere ist von nüchternen Formen, besonders der Vorbau, welcher ursprünglich als Bräuhaus diente; durch sein mit dem Strahöwer Wappen geschmücktes Portal gelangt man in den weiten Hof, in welchem das einstöckige Wohngebäude auf rechtwinkeligem Grundrisse steht. Die Façade desselben wird unten von einem kleinen Haupteingange, dessen Sandsteingewände Festons und ein Madonnenrelief zwischen Giebelsegmenten trägt, im Obergeschoss von einer dreitheiligen Arcade auf schweren Pfeilern durchbrochen und an den Seiten von leeren Statuennischen belebt. Die Mitte des Gebäudes wird von einem Halbgeschosse überhöht.

Im Inneren gelangt man durch eine geräumige Vorhalle in das kleine Refectorium, jetzt Kanzlei, an dessen Gewölbe der Prämonstratenser *P. Siard Nosecký* Fresken in Stuckrahmen, eine Madonna und Engel, malte.

Im Obergeschosse befinden sich drei Reihen von Zimmern, in deren mittleren zwei Räume die Schlosscapelle bilden; dieselbe besitzt Stuckdecorationen und ein grosses Deckengemälde von *P. Siard Nosecký*, die Madonna mit Engeln darstellend. An den Wänden 14 Ovalbrustbilder verschiedener Heiliger und Holzstatuetten der Apostel, 18. Jhrht.

Auf dem Barockaltare eine alte Copie des Sepekauer Madonnenbildes.

Vier Reliquienpölster mit schöner Goldstickerei, etwa 0·25 *m* breit und 0·15 *m* hoch, 18. Jhrht.

Sieben Pergamentbildchen in Spiegelrahmen, gute Miniaturmalereien des 18. Jhrht.

Casula mit drei Blatt- und Blumenstreifen in schöner Nadelmalerei und gelegtem Gold, 18. Jhrht.

Messkelch, silbern, theilweise vergoldet, 0·21 *m* hoch mit schönem Banddecor und Engelsköpfen, gleicht dem Kelche in Radonitz. Mit dem Kleinseitner Beschauzeichen vom J. 1735 und der Marke:

Lampe für das ewige Licht, aus getriebenem, versilbertem Messingblech, gute Arbeit des 18. Jhrht.

Bildnisse in Lebensgrösse, Ölgemälde auf Leinwand aus der ersten Hälfte des 18. Jhrht., in der Vorhalle: Kaiser Ferdinand II., Kniestück, 1·10 *m* hoch und 0·80 *m* breit, in spanischem Mantel, auf dem Hute ein Geschmeide; die Kaiserkrone und die böhmische Krone liegen neben auf einem Tisch. Die Aufschrift RELVIBILITATEM FIRMAVIT bezieht sich auf die Entscheidung eines Rechtstreites, durch welche das Gut Pátek im J. 1632 den Prämonstratensern zugesprochen wurde. — Das Brustbild Josef I. in Rüstung, mit Allongeperücke, 1·10 *m* hoch, 0·82 *m* breit; die Aufschrift RELVITIONEM DECREVIT hat Bezug auf die Rückstellung des Gutes im J. 1709. Portrait des Abtes Kaspar Questenberg, 1·09 *m* hoch, 0·84 *m* breit, mit der Inschrift. RELVIBILITATEM FVNDAVIT. — Brustbild des Abtes Veit Seipel (1690—1711) mit der Inschrift: RELVITIONE RECVPERAVIT und der auf der Rückseite angebrachten Jahreszahl 1736. — Brustbild eines Abtes, 1·07 *m* hoch, 0·82 *m* breit, mit blauem Birett und der Aufschrift: RELVITIONEM ABSOLVIT, stellt wohl den Abt Marian Herrmann (1711—1714) vor, welcher das Schlossgebäude errichtete. Bildnisse von vier anderen Äbten.

Abb. 48. Pátek. Mühle vom Jahre 1567.

Oelgemälde auf Leinwand, Brustbilder des hl. Augustin und Norbert 0·97 *m* hoch, 0·70 *m* breit, tüchtige Arbeiten des 18. Jhrht.

Möbel, ein Bett barock geschnitzt, ein anderes, empire mit Intarsien; Empirestühle; Standuhr empire, bezeichnet: Josef Hartwig-Prag.

Sandstein-Statue des hl. Johannes von Nep. auf hoher Säule am Dorfplatze, gute Arbeit der ersten Hälfte des 18. Jhrht.

Sandsteinstatue des hl. Rochus, gute Arbeit des 18. Jhrht. über dem Garteneingang des Hauses Nr. 18.

MÜHLE am Egerflusse, mächtiges Renaissancegebäude auf einfach
rechtwinkeligem Grundrisse aus gebrochenem Plänerkalkstein mit Sandstein-
Unterbau und Eckquadern; die Giebel und Profiltheile aus geformten Ziegelsteinen. Ganz verputzt und mit Sgraffitomalereien bedeckt; an der Südost-
ecke die Jahreszahl 1567 auf dem Mörtelverputz (das Gut Pátek war zu
jener Zeit Besitz des Prager Statthalters und Burggrafen Johann d. J. von
Lobkowicz, welcher diese Mühle wahrscheinlich erbaute; dieselbe gehörte
seit dem Jahre 1709 den Prämonstratensern und ist seit dem Jahre 1782
Privateigenthum).

Abb. 49. Pátek. Sgraffiten am Nordgiebel der Mühle, vom Jahre 1567.

Die westliche Langseite ist einfach rusticirt, in jedem der beiden
Stockwerke von drei Fenstern in ungleichmässigen Entfernungen durchbrochen; dieselben haben profilirte Sohlbänke und Gewände von Sandstein. Das Profil des von Formziegeln gebildeten Dachgesimses besteht aus
rechtwinkeligen Absätzen, Viertelstäben und Hohlleisten, deren Wirkung
durch einen Sgraffitoschmuck von geometrischen Formen und Palmetten
gehoben wird.

Die Süd- und Nordseite, welche in ihren unteren Hauptmauern
vereinzelte, unsymmetrisch durchbrochene Fenster besitzen, werden über
dem rund umlaufenden Hauptgesimse von hohen Giebeln überhöht; dieselben sind durch Gesimse und Wandlesenen in drei Stockwerke mit neun
quadratischen Feldern getheilt. In den Kreuzpunkten verkröpfen sich die
Gesimse über den Lesenen, welche im Schnitte einen breiten Mittelstab
und abgeschrägte Absätze aufweisen, wobei zuunterst consolenartige Glieder,

zuoberst kräftige Bekrönungen entstehen. Die vier Fenster der mittleren Giebelfelder besitzen reicher gegliederte Gewände, deren Rundstäbe sich in den Winkeln durchdringen.

Die Sgraffitomalereien, welche die gesammten Wandflächen einnehmen und in den unteren Theilen sich auf eine geschmackvolle Rustica beschränken, haben sich besonders an der geschützten Nordseite ziemlich gut erhalten. Knapp unter dem Hauptgesimse läuft ein breites Band mit Blumenranken, welche von Hunden, Hasen, Vögeln und allerlei fantastischem Gethier belebt werden. Die Profilglieder der Gesimse tragen Zahnschnitte, Spiralfüllungen u. a. m., der Mittelstab der Lesenen ein stehendes Pflanzendecor. In den fünf quadratischen Feldern des ersten Giebelgeschosses befinden sich Porträtgestalten, je zwei zu Seiten eines jeden Fensters, zwei bärtige Männer mit ihren Gattinnen und ein Jüngling mit einer Jungfrau. In dem grossen Eckfelde ein Ritter zu Pferde mit hochgeschwungenem Säbel, von einem Engel beschützt; das fünfte Feld vermauert. (Abb. 49.) Die verblichenen Darstellungen in den oberen Geschossen lassen als Umrahmung des Mittelfensters ein reiches, einer Maske entspringendes Rankenwerk, in den Seitenfeldern Figurenreste, im obersten Quadrate ein Wappen und in den Segmentfüllungen ebenfalls Rankenwerk erkennen.

Von den Sgraffiten der dem Flusse zugewendeten Südseite hat sich bloss der ganz verblichene Theil eines breiten Pflanzenfrieses unter dem Hauptgesimse und eine Fensterumrahmung mit Delphinen und der Aufschrift HOTIE MICHI CRAS TIBI (?) in der verzierten Lunette erhalten.

Innen bildet das ganze Gebäude einen einzigen Raum von 22 m Länge und 12 m Breite, bei 1·55 m Mauerstärke. Die Mühleneinrichtung theilweise barock verziert.

Das Wohngebäude, welches an die Südseite der Mühle anstösst, ist in der Façade ähnlich von Gesimsen und Lesenen gegliedert, jedoch nur im ersten Stockwerke erhalten, innen mit gewölbten Räumen.

Peruc.

Schaller, Top. d. Kön. Böhmen, I. 194. — Sommer, Kön. Böhm. XIII. 88. — Svĕtozor, 1873, 147, mit Abbildungen. — Sedláček, Hrady a zámky, VIII. 226 mit Abbildungen. — Kupferstich in kleinem Quartformat, Schlossansicht bezeichnet: F. R. Wolf del.; W. Berger sc.; Prag bei F. K. Wolf 1803. — Gedenkbuch des Pfarramtes aus dem 18. Jhrht.

Es wurden gefunden: La Tèn'sche Bronzarmbänder bei einem Skelette; ein Fragment eines Steinhammers und drei Bronznadeln; ein Bronzgefäss und eine gallische Goldmünze, welche beide letzteren Gegenstände sich im Museum des Königreiches Böhmen befinden. Čas. Česk. Musea 1848. Pam. Arch. VI. 313, XI. 487, XII. 474, XV. 184.

PFARRKIRCHE, dem heiligen Petrus und Paulus geweiht, bereits im 14. Jhrht. von einem Seelsorger verwaltet, im Jahre 1724 von dem Raudnitzer Bürger *Peter Paul Columbani* neu erbaut.

Das einschiffige Gebäude aus gebrochenem Plänerkalkstein besitzt einen nach Westen gewendeten Chor mit geradem Abschluss; seine auf verbogener und gebrochener Grundrisslinie errichtete Façade wird von korinthischen Pilastern mit breitem Gebälke in zwei Stockwerke getheilt, in deren unterem sich ein einfach rechtwinkelig umrahmtes Portal öffnet; zwischen dessen Engel tragenden Bogensegmenten eine Cartouche mit der Aufschrift: Honoris Petri et PaVLI ALeXanDer Ioannes L. Baro De LeDebVr et Anna ELIsabetha De LeDebVr genIta BaronIssa ab ELVerfeLD ereXIt (1724). Das im Segmentbogen geschlossene Façadenfenster ist von einem Gesimse und einem gekrönten Wappen überhöht. Zu beiden Seiten stehen in flach umrahmten, mit Gesimsen versehenen Nischen Sandsteinstatuen des hl. Wenzel und Johann von Nep.; in der Giebelnische die Salvatorstatue, seitlich die heiligen Petrus und Paulus, zuoberst zwei Engel. Der vierseitige Thurm, welcher sich aus der Mitte der Façade um ein Stockwerk erhebt, trägt ein unschön geformtes Zwiebeldach mit Laterne. Das einschiffige Innere, 30 *m* lang und 7 *m* breit, wird von 10 rechtwinkeligen Fenstern mit Segmentbögen gut erleuchtet. Die an den Wänden flachen korinthischen Pilaster treten beim Presbyterium schräg gestellt als Stützen des Triumphbogens bedeutend vor; ihr scharf profilirtes Gebälke mit ausladendem Gesimse ist vielfach verkröpft. Das Plätzelgewölbe fünftheilig.

Der Hauptaltar besitzt ausser einem Tabernakel von einfacher Tischlerarbeit eine an die Wand gemalte hohe Architektur, welche die Umrahmung eines grossen, den hl. Petrus und Paulus in römischer Architektur vorstellenden Gemäldes von *J. A. Schöpf* bildet.

Oelbilder der Jungfrau Maria und des hl. Antonius, im Jahre 1677 von einem Priester *Gerardi* auf Leinwand gemalt (auf einem das Wappen des F. M. Baron von Lautersamb), haben schön geschnitzte Rahmen, Rankenwerk mit Bändern durchflochten.

Oelbilder des hl. Karl Bor. und des hl. Martin, 0·35 *m* hoch, auf den Nebenaltären, sind flott auf Leinwand gemalte Arbeiten des 18. Jhrht.

Kreuzweg in 0·78 *m* hohen und 0·58 *m* breiten Bildern, auf Leinwand geschickt gemalt vom Launer Meister *Franz Smichaeus*, welcher im J. 1761 für 18 seiner Arbeiten in dieser Kirche 90 fl. erhielt.

Die decorativ wirkende Orgel wurde im J. 1763 von dem Elbogener Meister *Ignatz Schmied* um 590 fl. hergestellt.

Sechs barocke, gedrechselte Messingleuchter.

Kelche: 1. Von vergoldetem Silber, 0·25 *m* hoch, mit getriebenem und ciselirtem Pflanzenschmuck und sechs Engeln mit den Marterwerkzeugen des Herrn, dazwischen sechs ovale Platten von 0·38×0·32 *m* Grösse mit Maleremail, darstellend: Die Verkündigung, Geburt Christi und Kreuzigung (am Fusse), die Auferstehung, Himmelfahrt und Sendung des hl. Geistes (an der Cuppa), 18. Jhrht.

2. Von Silber, theilweise vergoldet, 0·22 *m* hoch, mit getriebenen und ciselirten Brustbildern des hl. Josef und Johann von Nep. (am Fusse) und des

heiligen Petrus und Paulus (an der Cuppa); die übrige Fläche mit Band- und Pflanzendecor sowie vier Engelsköpfen ausgefüllt. Nach Angabe des Gedenkbuches vom Pfarrer *Schořel* (1712—1755) gewidmet.

Taufbrunnen von Zinn, 0·68 *m* hoch, renaissantisch, auf dem Mantel des Beckens wiederholt sich zweimal das Reliefportrait eines Mädchens mit der Aufschrift: WANKOVA ZE SKAL und die Jahreszahl 1553. Auf dem Hute die Worte PANNA MARIGE. Rechts und links je eine Ornamentplatte; an den Ansätzen der drei Füsse bärtige Mannsköpfe. Stammt aus der Teletzer Kirche. (Abb. 50.)

Baldachin, interessante Applicationstickerei von rothen und gelben Bändern, Schnüren und Stoff auf blauem Seidengrund, 18. Jahrht.

Grabsteine: 1. Rothe Marmorplatte, 1·88 *m* hoch, 1·42 *m* breit mit der liegenden Reliefgestalt eines gewappneten Ritters, am Rande die Inschrift: LETHA PANIE 1591 VE CZWRTEK PO SWATEM MARTINE VSNVL IEST W PANV VROZENEY PAN PAN FRYDRYCH Z LOBKOWIC A NA PERVTCZY W MIESTIE PRESSPVRCI ODTVD IEST PRZIWEZEN A W TOTO MISTO POCHOWAN W PONDIELI PO MAVDROSTY BOZI TEHOZ LETHA PAN BVH RACZ BEYTI MILOSTIWEY GEHO DVSSY.

Abb. 50. Peruc. Taufbrunnen aus Zinn vom Jahre 1553, 0·68 *m* hoch.

2. Gruftdeckel mit vier Wappen und einer stark beschädigten deutschen Inschrift vom J. 1717, nach welcher Johann Frh. von Ledebur und seine Gattin Beatrice geb. Beck von Stein, sodann Alexander Frh. von Ledebur und dessen Gattin Anna Maria Elisabeth geb. von Elverfeldt hier begraben sind.

3. Plänerkalksteinplatte, 1·40 *m* hoch, 0·68 *m* breit, mit Wappen und umlaufender, stark beschädigter, böhmischer Inschrift vom J. 1561, welche sich auf das Ableben der Burggräfin Ludmila von Donin, der Gattin Heinrichs von Lobkowicz bezieht.

4. Empiregrabmal auf dem Friedhofe, von Sandstein, aus dem J. 1796, eine über einen Sarkophag sich neigende Frau in Trauer darstellend, gute Arbeit, mit böhmischer Inschrift.

5. Empiregrabmal des Pfarrers Alexander Zeiczler vom J. 1805, eine hohe Steinpyramide mit antiker Vase, böhmische Grabinschrift.

Zwei schmiedeiserne Kreuze daselbst, schöne Arbeiten des 18. Jahrh, aus runden und vierkantigen Stäben mit breitgehämmerten Blattenden, 1·65 und 1·22 *m* hoch.

Die Glocken wurden im J. 1777 mit den Glocken von Černochov umgetauscht. 1. Höhe 0·96 *m*, Durchmesser 0·96 *m*. Am oberen Rande wiederholt sich viermal das Relief des bethlehemitischen Kindermordes; am Mantel vorne ein Kreuz (der Körper des Gekreuzigten ist abgeschlagen) und die Reliefgestalten der hl. Wenzel und Siegmund, seitlich in einfachem, rechteckigem Schilde die Inschrift: VOX MEA VOX VITE VOS VOCO | AD SACRA VENITE | THOMAS IAROSCH BRUNENSIS | AUXILIO DIVINO ME FVDIT | MDLIII. rückwärts: FERDINANDUS DEI GRA ROMANORVM HVNGARIAE ET BOHEMIAE etc. REX ARCHIDVX AVSTRIÆ etc. MDXXXXIIII. Darunter das habsburgische Wappen.

2. Höhe 0·68 *m*, Durchmesser 0·72 *m*, am oberen Rande eine Reihe stehender Akanthusblätter, sodann die Aufschrift: GOSS MICH IOHANN BALTASAR CROMELIVS VON TRIER IN LAVN, darunter eine Reihe Festons. Am Mantel ein unschönes St. Wenzelsrelief, auf der Rückseite eine Widmungsinschrift der Gr. Mathilde Beatrix Ledebur vom J. 1695.

3. Höhe 0·60 *m*, Durchmesser 0·58, am Kronenrande Rococoverzierungen, am Mantel ein Relief des hl. Johann von Nep. und die Inschrift: JOHANN GEORG KÜHNER GOSS MICH IN PRAG ANNO 1777.

4. Höhe 0·40 *m*, Durchmesser 0·45 *m*, vom J. 1870.

SCHLOSS, in der zweiten Hälfte des 18. Jhrht. erbaut (auf dem Gartenportale die Jahreszahl 1765) ist ein geräumiges, dreiflügeliges Gebäude, dessen einstöckige Façade in der Breite von 19 Achsen ein grösseres Mittelrisalit und zwei kleinere Seitenrisalite besitzt; die Fenster werden von Lesenen mit barock-jonischen Capitälen getrennt, das Hauptportal von einem Balcone überhöht, dessen Geländer ein unbedeutendes Rococogitter mit Blechverzierungen bildet. Vor dem Eingang zwei Sphinxe mit Amoretten von Sandstein. Innen das Stiegenhaus mit doppelter, von korinthischen Säulen und Amorettengruppen geschmückter Treppe; zwei Amoretten als Laternenträger.

Pochwalow — Pochválov.

FILIAL-KIRCHE, dem hl. Prokop geweiht, ist ein kleines, armselig eingerichtetes Gebäude ohne Kunstwert, aus dem 18. Jhrht.

Počedlitz — Poćedělice.

Veselý, Gesch. d. F. Schwarzenb. Besitzungen Citolib, 95.
Praehistorische Gräber auf dem Felde na lávce. Veselý, l. c.

FILIAL-KIRCHE, dem hl. Gallus geweiht, im J. 1356 als Pfarrkirche erwähnt, ist ein einfaches, orientirtes Gebäude von gebrochenem

Abb. 52. Počedlitz. Grabstein, 1·65 m hoch.

Abb. 53. Počedlitz. Holzstatue, 0·60 m hoch.

Plänerkalkstein mit Mörtelverputz, dessen rechtwinkeliges Schiff, vielleicht noch romanischen Ursprunges, einen Barockgiebel in der Westfront und modernisirte Portale und Fenster besitzt. Innen ein vermauertes gothisches Fensterchen in der Westwand; Länge des mit flacher Decke versehenen Schiffes 11·60 m, Breite 10 m. Ein glatter, gebrochener Triumphbogen öffnet sich gegen das aus dem 14. Jahrh. stammende Presbyterium von 7·20 m Länge und 6·50 m Breite. Dasselbe wird aussen von sechs niedrigen Strebepfeilern gestützt; seine fünf schlanken Fenster haben ihre gebrochenen Bögen behalten. Das Gewölbe, ein Kreuz und der aus fünf Seiten des Achteckes gebildete Chorschluss hat birnförmige Rippen, welche sich in glatten Scheiben treffen und auf schöngegliederten Wandconsolen aufsitzen (Abb. 51). Das kleine Sanctuarium in der Nordwand und die Altartische haben einfache gothische Profile.

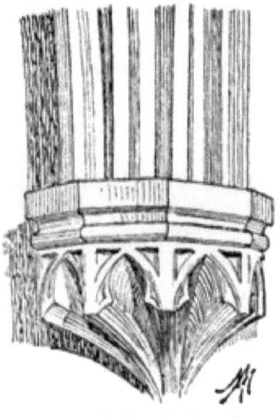

Abb. 51. Počedlitz. Wandconsole.

Grabplatte von Plänerkalkstein, 1·65 m hoch, 0·82 m breit (Abb. 52) ohne Umrahmung, bloss mit der zweizeiligen Inschrift: panna z wrssowicz z pollenssk und einem grossen r geschmückt, 15. Jhrht. (Einer Frau Elisabeth von Wrschowic und Polensko, Besitzerin des nahen Gutes Wrschowic, und ihres Gatten Nicolaus wird im Jahre 1474 als Verstorbener gedacht.)

Von den aus dem 14. Jhrht. stammenden Fresken sind bloss eine hl. Barbara mit Thurm und eine knieende Frau mit Schleier an der südlichen Schiffswand von der Tünche befreit worden.

Holzstatuette der Mutter Gottes mit Kind, 0·60 *m* hoch, aus dem 15. Jhrht., mit alter Polychromie im unteren und neuer Übermalung im oberen Theile. (Abb. 53).

Kirchenlampe vor dem Hauptaltar aus getriebenem und durchbrochenem Silberblech, mit der Inschrift: Anna In Sichhin — Georg Sicha — anna den 18. Julius 1739. (!)

Monstranze, aus Kupferblech, ganz einfach, mit Inschrift: Thomas Streycovsky faber lignarius comparavit pro ecclesia S. Galli in Podschedielitz anno 1752.

Praschin — Zbrašín.

Überreste von neolithischen Ansiedlungen (in Frauenberg). Woldřich, Mitth d Anthr. Gesellsch. 1889, 75; Niederle, Přísp. k anthr. zemí českých II. 12; Veselý, Gesch. d. F. Schw. Domaine Postelberg, 101.

Pravda.

Heber, Schlösser und Burgen Böhmens V. 254, mit Grundriss und Abbildungen. — Wuns, Děj. Loun, 17. — Veselý, Gesch. d. F. Schwarzenb. Bes. Citolib. 50 (mit Abbildungen).

Die BURG, welche wahrscheinlich um das Jahr 1380 erbaut und mit Mauern und Wällen befestigt wurde, war im Jahre 1593 bereits verwüstet; ihr Gemäuer von gebrochenem Plänerkalk erhebt sich noch stellenweise bis zur Höhe des ersten Stockwerkes, obwohl ausser dem Keller kein Raum eine Decke oder Wölbung behalten hat. Das Wohnhaus weist im Grundrisse drei Abtheilungen auf, an welche die Wirtschaftsgebäude anstossen; der Zugang war von einem Thurme beschützt. Einige Fenster und eine Thür mit gebrochenem Bogenschlusse haben nicht profilirte, roh zubehauene Gewände von Kalkstein. Architektonische Schmucktheile finden sich nicht vor.

Radonitz — Radonice.

Gedenkbuch des Pfarramtes vom J. 1736.

Knapp an der Eger Aschengruben auf dem Pfarrfelde. In einer Schottergrube an der Strasse gegen Slavětín Urnen, La Tèn'sche Skelettgräber mit Armbändern (im Landes Museum und in der Sammlung der Ortschule), und ein merovingisches Skelettgrab (ein Glaspokal im Landes-Museum). Auf einem Hügel an der Strasse gegen Slavětín Reihengräber aus der ersten Christenzeit in Böhmen. Woldřich, Beiträge IV., 6 und V. 25; Niederle, Lidstvo v době předhist. 548; Pam. arch. XV. 469.

PFARR-KIRCHE der Kreuzerhöhung, bereits im J. 1273 von einem Mitgliede des Prämonstratenserordens verwaltet, besteht aus einem romanischen Schiffe, einem gothischen Presbyterium und barocken Anbauten. Der vor die Westseite des orientirten Baues gestellte Thurm von quadratischem Grundriss hat kleine rechteckige Fenster und überragt die Kirche bloss um sein neues Zeltdach; derselbe ist so wie die Langmauern des rechteckigen Schiffes aus gebrochenem Plänerkalkstein errichtet. In der südlichen Mauer des Schiffes befinden sich hoch über dem Boden drei vermauerte romanische Fensterchen (wie in Slavětín); zu beiden Seiten des Schiffes treten je zwei halbkreisförmig geschlossene Barockcapellen vor. Das gothische Presbyterium aus Bruchstein wird von acht hohen, einmal abgestuften Strebepfeilern aus Sandsteinquadern gestützt. Das steile gothische Ziegeldach ist für Schiff und Chor gemeinsam.

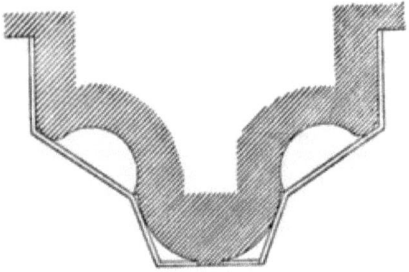

Abb. 54. Radonitz. Profil des Triumphbogens, 1/20.

Abb. 55. Radonitz. Profil des Altartischgesimses, 1/10.

Das 13·80 m lange und 7·20 m breite Kirchenschiff hat glatte Mauern, deren Stärke, 1·10 m, aufwärts auffallend abnimmt.

Der Triumphbogen von 4·75 m Spannung berührt im Bruche seines Bogens beinahe die Decke; sein Profil bilden zwei breite Auskehlungen und ein mächtiger Mittelstab mit einem vortretenden Stege. (Abb. 54).

Der Priesterraum wird von einem Kreuzgewölbe und einem, von fünf Seiten des Achteckes beschriebenen Schlusse gedeckt. Die Gewölbrippen, deren Profil aus zwei Auskehlungen und einem dreiseitigen Mittelgliede besteht, steigen von kleinen spitzzulaufenden Consolen zu den scheibenförmigen Schlusssteinen auf.

Das renaissantische Steingewände der zur Sacristei führenden Thüre ist mit einem Halbkreisbogen überwölbt und mit stilisirtem Blumenwerk in Flachrelief verziert.

Die getäfelte Decke des Schiffes, welche auf einem mächtigen Längsbalken aufliegt, enthält 32 Tafelbilder mit Darstellungen aus dem alten Testamente, dem Leben der Mutter Gottes und Christi; laut Angabe des Gedenkbuches entstand das Werk im J. 1690, wurde jedoch im J. 1880 durch Übermalung total verdorben.

Der Tisch des Hauptaltares besitzt am oberen Rande eine gothische Profilirung (Abb. 55); seine hohe Holzarchitektur mit gewundenen Säulen und vier überlebensgrossen Heiligenstatuen, stammt aus der Strahöwer St. Rochuskirche.

Die Renaissancekanzel von Kalkstein aus dem 16. Jhrht. trägt an der Stiegenwand drei Wappen mit den erneuerten Aufschriften: IAN STARŠI Z LOBKOWIC | ALŽBĚTA Z ROGENDORFV | IAN BARTOLOMEI ZE SVAMBERKA.

In den Füllungen ihrer Brüstungsmauer befindet sich ein altes Steinrelief mit der Gestalt des hl. Petrus und vier barocke Holzreliefs, die hl. Evangelisten; den Fuss der Kanzel bildet ein stehendes, leere Wappen haltendes Mädchen.

Eine Kirchenbank, an der Stirnseite architektonisch von drei Bögen gegliedert, gute Tischlerarbeit des 17. Jhrht.; geschnitzter Pontificalstuhl, 18. Jhrht.

Vier Ölbilder auf Leinwand, Brustbilder der hl. Kirchenväter in Lebensgrösse, 1·25 m hoch, 0·95 m breit, meisterhaft breit behandelt, 18. Jhrht.

Romanischer Taufbrunnen, primitiv aus einem grossen Stück Plänerkalkstein gehauen, zwölfseitig auf ungleichmässig spitz zulaufendem Fusse, 0·88 m hoch, 0·72 m breit. In den Füllungen der zwölf Felder je ein Zeichen in Form eines Kreuzes, Kelches und verschiedener Ω (Abb. 56, 57; B. Matějka in Památky archaeol. XVI. 751.).

Monstranz von vergoldetem Silber, 0·64 m hoch, barock, mit Strahlenkranz, Gitter- und Bogenverzierungen, geschickt getrieben, mit dem Kleinseitner Beschauzeichen vom J. 1743 und der Marke (des Meisters *Johann Pakeni*?) versehen.

Radonitz. Schema der getäfelten Schiffsdecke.

Kelch von vergoldetem Silber, 0·23 *m* hoch, mit barockem, schön getriebenem und ciselirtem Pflanzen- und Bandornament, mit dem Kleinseitner Beschauzeichen vom J. 1735 und dem Goldarbeiterzeichen versehen (dem Kelche in Pátek gleich).

Abb. 56. Radonitz. Plastischer Schmuck des Taufsteines.

Barockkrone von durchbrochenem Silberblech mit zahlreichen färbigen Schmucksteinen und Glasstücken besetzt, auf einfachem Ciborium, 18. Jhrht.

Zwei **Rococorahmen** aus versilbertem Blech gepresst, mit Miniaturbildern auf Pergament, 18. Jhrht.

Casula mit Blumen und Blattwerk in drei Streifen von Goldstickerei und Nadelmalerei auf Seide, schwach in der Composition, jedoch vorzüglich in technischer Ausführung und Erhaltung. Am Rande der Pectoralseite der Name »Vagenreit« eingestickt. Mit dazugehörigem Velum.

Altarleuchter von Zinn, mit schön gegossenem Rankenwerk auf dem dreiseitigen Fussgestelle, mit der Jahreszahl 1709 versehen.

Abb. 57. Radonitz. Romanischer Taufstein, 0·88 *m* hoch.

Steinrelief von Plänerkalk in der Aussenwand der Kirche, 1·70 m breit, 16. Jhrht.; in dem mittleren Rechtecke die Fusswaschung, darüber in einer Lünette Gott Vater auf Wolken; ein rund ausgearbeiteter Christuskopf bekrönt die Mitte. Nach der grossen, jetzt leeren Inschrifttafel diente das Ganze als Epitaphium.

Glocken: 1. Höhe 1·18 m, Durchmesser 1·13 m, am oberen Rande ein breiter, sich wiederholender Reliefstreifen mit tanzendem Faun und Bacchantinnen in waldiger, von Thieren belebter Landschaft., darunter eine Festonsreihe mit Löwenköpfen. Am Mantel die Inschrift ALZBIETA Z ROGENDORFV. A NA PATKV. Darunter ihr Wappen. Der Kranz hängender Acanthusblätter am unteren Rande wird von einem Wappen unterbrochen; bei demselben der Name: Matyaſſ Pſſow –ſan z Pſſowa.

Rückwärts am Mantel:

Od myſoce urozené Pani. Pani Alzbiety z Rogendorfu | a na Patku Er magice pomor Lbee y wſſychni Oſa | dli Koſtelu Sw. Krygrze do Radnie pryynaleƶegicy . dali Zwon tento nakladem swym udielati . pro pamatku a | pro czeſt ſwau y take budaucych potomkuw ſwych . aby | zwukem tehoƶ Zwonu w Cyrkwi Kryeſtlanſke w znamoſt | ſe uwoƶowaly ſchuƶe do Chramu Panie k poſlauchani slo | wa Boƶyho a chwaleni gmena geho swateho: Gednatele | tohy dila . urozeny pan Matyaſſ Pſſowſky z Pſſowa heitman | na Patku . a Pan Panda mlynarz z Stradonic.

Bryſkey Zwonarz z Cyn — perku v Nowem mieſttie Pralkem tento Zwon — udielal . Leta . 1574:

Zwischen den Wörtern ein leerer Raum für das Medaillon des Glockengiessers.

2. Höhe 0·93 m, Durchmesser 0·93 m. Die Krone mit Zopfornament, am Kronenrande die Inschrift: letha boƶiho tysiciho pietisteho dwanasteho tento zwon udielan od mystra tomasse. Darunter ein kleines Relief, den hl. Jakobus darstellend.

3. Höhe 0·73 m, Durchmesser 0·75 m, Die Kronenbänder mit Maskaronen geschmückt, am Kronenrande zwei breite Ornamentstreifen, dazwischen die Inschrift: GOSS MICH NICOLAVS LÖW IN PRAG ANNO 1665. Am Mantel die Buchstaben A A F H R H W Z M und ein Wappen, rückwärts die Buchstaben I K H Z Z N P Z G M C R und das Wappen mit der Legende IOHAN KAROL HLOZEK V. ZAMPACH.

Das Pfarrhaus ist barock, einstöckig, von fünf Achsen in der Front, deren vortretendes Mittelrisalit das Wappen der Strahöwer Äbte und zwei kniende Heiligenstatuen trägt.

Zwei braun glasierte Öfen von schöner Barockform aus dem 18. Jhrht. in den Zimmern der ersten Stockwerkes.

Die Pharrbibliothek enthält etwa 300 Bände mit guten Einbänden vom 15.—18. Jhrht.

Rannay — Rané.

PFARRKIRCHE, bei Allen Heiligen, bereits im J. 1384 als Pfarrkirche erwähnt, ein einfaches orientirtes Gebäude von gebrochenem und verputztem Plänerkalkstein. Das rechteckige Langschiff mit einem Thurme in der Westfront ist gothisch, der halbkreisförmig geschlossene Altarraum barock. Durch das nördliche Portal, dessen gebrochener Bogen von drei unten halbkreisförmig verbundenen Birnstäben profilirt und seitlich von zwei hängenden Lilien begleitet wird, gelangt man in das schmucklose Innere von 18·50 *m* Länge und 7·80 *m* Breite. Die Altartische haben einfache gothische Profile.

Abb. ..
Rannay. Taufstein, 1·00 *m* hoch.

Der Taufbrunnen von Plänerkalkstein ist achtseitig, 1 *m* hoch, oben 0·60 *m* breit, an allen Flächen mit Blendmasswerken verziert; in einem Felde das Monogramm Christi, am Fusse acht schlanke Lilien. Am Oberrand und um den Schaft in Minuskeln die Namen der Apostel und der Evangelisten, 15. Jhrht. (Abb. 58.)

Kelch von vergoldetem Silber, 0·19 *m* hoch, am Fusse mit der Jahreszahl 1529 und den Buchstaben M. S. bezeichnet; im Inneren des Fusses die Gewichtsangabe ·υυυυiiii lot eingravirt. Der sechsblättrige Fuss ist an seinem verticalen Rande durchbrochen und in den Winkeln mit Silberblumen besetzt. Den sechsseitigen Schaft schmücken hängende Lilien und je sechs Renaissancebaluster über und unter dem Nodus von plattgedrückter Kugelform; auf denselben Engelsköpfe, aufgesetzte Blumen und getriebene spätgothische Buckel. Ähnlich getrieben ist der von einer Reihe stehender Lilien umwundene Mantel der Cuppa. (Abb. 59. J. Koula

Abb. 59. Rannay. Kelch vom Jahre 1529, 0·19 *m* hoch. Gezeichnet von Prof. J. Koula.

Denkmäler des Kunstgewerbes in Böhmen, VI, 1; Mádl, Památky archaeol. XIV. 285.)

Gothischer Altarleuchter, aus Messing voll gegossen, auf einem im Sechspasse gegliederten Fusse, der Nodus mit sechs Roteln, 0·20 *m* hoch (gleicht dem Leuchter in Slavětín).

Casula 1. Aus golddurchwebtem, rothem, geschnittenem Sammt mit Granatapfelmuster, 17. Jhrht. — 2. Aus weisser Seide mit Band- und Tulpenornament von aufgenähten Silberschnürchen, 18. Jhrht.

Glocken. 1. Höhe 0·83 *m*, Durchmesser 0·75 *m*, von älterer, schlanker Form, ohne Aufschrift und Verzierung.

2. Höhe 0·73 *m*, Durchmesser 0·72 *m*, am Kronenrande Fruchtfestons, am Mantel das Relief des Gekreuzigten, ein Gebet und die Aufschrift: JOHANN GEORG KÜHNER GOSS MICH IN PRAG 1753.

Abb. 60. Ober-Rotschow. Taufstein, 1·05 *m* hoch.

Ober-Rotschow — Ročov horní.

Veselý J., Gesch d. F. Schwarz. Besitz. Citolib etc., 55.

FILIAL-KIRCHE der hl. Jungfrau Maria, im Jahre 1358 als Pfarrkirche erwähnt, im Jahre 1674 wiederhergestellt, im Jahre 1878 neuerbaut.

Taufbecken aus einem grossen Plänerkalksteinquader (Abb. 60), sechsseitig, 1·05 *m* hoch, 0·62 *m* breit, von gothischer Grundform mit renaissantischem Flachornament, 16. Jhrht.

Glocken. 1. Höhe 0·55 *m*, Durchmesser 0·52 *m*, glatt, am Kronenrande die Inschrift:

2. Höhe 0·55 *m*, Durchmesser 0·53 *m*, am Mantel das Relief des hl. Wenzel und die Buchstaben J. W. K (*Johann Wenzel Kühner*).

Unter-Rotschow — Dolní Ročov.
(Vallis beatae Virginis.)

Schaller, Topogr. des Kön. Böhmen, VII. 54. — Sommer, Kön. Böhmen, XIV. 45. — Veselý, Gesch. d. F. Schwarz. Bes. Citolib, 55. — Urkunden und Handschriften im Klosterarchiv: Liber memorabilium, 1692—1764; Summarium rerum memorabilium, 1812; Vestigia rotae in aquilam commutatae etc., Geschichte der Familie Kolowrat im J. 1720 geschrieben von P. Val. Waidner. — Urkunden im Klosterarchiv zu St. Thomas in Prag.

Das Kloster der Augustiner Eremiten mit einer Kirche der Himmelfahrt Mariens wurde im Jahre 1373 von Albrecht von Kolowrat und seiner Gattin Anna von Seeberg gegründet. Laut gleichzeitiger Angabe im

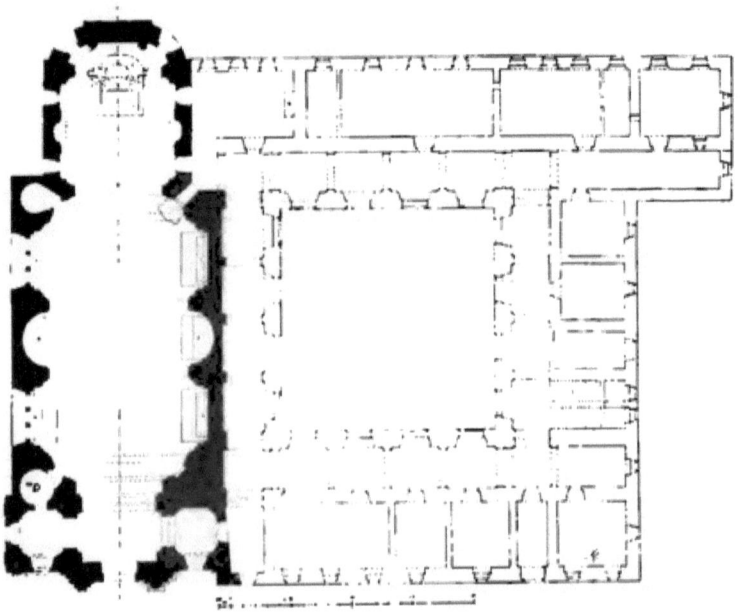

Abb. 41. Unter-Rotschow. Grundriss der Kirche und des Klosters.

Klostergraduale fand die Grundsteinlegung am 8. September 1375, die Einweihung im Jahre 1380 statt. — Nachdem während der husitischen Unruhen das Kloster einging, wurde es im Jahre 1520 von Wenzel Bezdružický von Kolowrat erneuert und im Jahre 1523 geweiht. Eine Zeichnung vom Jahre 1720 zeigt die ursprüngliche Kirche als ein einfach rechtwinkliges Gebäude ohne Thurm, mit grossem Rosenfester in der schmucklosen Westfront und einfachen Strebepfeilern. Der Eingang befand sich an der Nordseite, das Conventgebäude im Süden. Im Jahre 1614 liessen die Mitglieder

der Familie Kolowrat das Kloster von Neuem herstellen; als dasselbe am 17. October 1631 von den Sachsen wieder verwüstet wurde, erstand es erst im Jahre 1641 auf Kosten Heinrichs und Ullrichs von Kolowrat aus den Trümmern. Ein neues Conventgebäude wurde im Jahre 1668 erbaut und später erweitert, wobei der Architekt *Johann de Ka Paul* genannt

Abb. 62. Unter-Rotschow. Kirche und Kloster; erbaut von K. J. Dienzenhofer in den Jahren 1746—1747.

wird. Im Jahre 1690 malte der Pilsner Meister *Franz Seeblumer* im Kreuzgange und einer Capelle Scenen aus dem Leben des heiligen Augustin. Nachdem man in den Jahren 1704—1707 noch einen weiteren Flügel anbaute, wurde diese zweite Bauepoche im Jahre 1715 mit der Erweiterung der Kirche an ihrer Westseite und mit der Errichtung eines Westthurmes (auf Kosten des Norbert Liebsteinský von Kolowrat) abgeschlossen. — Im Jahre 1731, 1740 und 1745 beschädigte das wiederholte Hochwasser die

Gebäude in dem Masse, dass die Kirche abgetragen werden musste. Zum Neubau schenkte im Jahre 1746 die Fürstin Maria Anna Fürstenberg das nöthige Bauholz (779 Stämme aus den Pürglitzer Wäldern), worauf am 14. August 1746 der Grundstein feierlich gelegt wurde. Der von *Kilian Ignaz Dienzenhofer* geleitete Bau schritt so schnell vor, dass am 23. November 1747 ein Gedenkbrief in das Sanctusthürmchen gelegt werden konnte. Am 5. April 1750 fand die Einweihung statt, worauf am 23. August desselben Jahres der Bau des Conventgebäudes begann. Im Jahre 1753 errichtete der Saazer Zimmermann *August Runtsch* die Thurmhelme, welche im Jahre 1755 der Kleinseitner Klempfner *Georg Hossauer* mit Blech beschlug. Im Jahre 1759 wurde gegen den Willen des ausführenden Baumeisters *Anselm Loragho* beschlossen, dass das Klostergebäude, welches nach den Plänen Dienzenhofers bloss ein Obergeschoss besitzen sollte, zweistöckig, jedoch von geringerer Ausdehnung sei. Im Jahre 1765 wurde der rückwärtige Tract vollendet, während das Südeck des vorderen Flügels mittlerweile mit Brettern verschalt und erst im Jahre 1846 ausgebaut wurde.

Die KLOSTERKIRCHE, zur Himmelfahrt Mariens, ist orientirt, aus gebrochenem Plänerkalkstein mit Mörtelverputz errichtet. Der Schmuck des Äusseren concentrirt sich auf die Façade, deren reiche Gliederung von den beiden Thürmen und einer Eintheilung in zwei Stockwerke bestimmt wird. Mächtige Halbsäulen auf hohen Sockeln, an breite Pilaster angelehnt, tragen ein vierfach verkröpftes Gebälke, über dessen scharf profilirtem und bedeutend ausladendem Gesimse sich das Obergeschoss mit leichten, jonischen Pilastern erhebt; der Fries und das Gesimse desselben bilden das Dachgesimse der Kirche. Die beiden vierseitigen, an den Ecken abgerundeten Thürme überragen die Kirche um ein weiteres Geschoss, welches von Wandpilastern und einem von Halbkreisbögen unterbrochenem Gesimse belebt und von achtseitigen Thurmhelmen mit vielfach gebrochenen Umrisslinien überhöht wird; zwischen den Thürmen verdeckt ein hoher Giebel das einfach gerade Satteldach. Verschiedenartig geschwungene und gebrochene Gesimse bekrönen die drei geradwändigen Portale und sieben Fenster der Façade, zu deren Belebung ein früher reicherer figuraler Schmuck beitrug, von dem sich jedoch bloss die Sandsteinstatuen des hl. Augustin und der hl. Monika zu Seiten des Mittelfensters und die Statue der Jungfrau Maria in der Giebelnische erhalten haben.

Die Langseiten der Kirche sind in den Thurmpartien ähnlich der Frontseite gegliedert, im übrigen Theile jedoch, sowie das ganze Presbyterium, bloss mit breiten Lesenen belebt und von barock ausgeschnittenen Fenstern in zwei Reihen durchbrochen.

Das geräumige, hellerleuchtete, und reich gegliederte Innere erzielt einen einheitlichen Gesammteindruck. Sein 30·50 m langes, und 14·30 m breites, 17·15 m hohes Schiff bildet ein in den Winkeln abgerundetes, an

Abb. 63. Unter-Rotschow. Inneres der Kirche.

den Seiten dreifach ausgebauchtes Rechteck; an das quadratische Presbyterium von 9·10 *m* Breite schliesst sich der 3·40 *m* tiefe, runde Chorabschluss an; Kuppelhöhe 20 *m*. Die Mauerstärke concentrirt sich auf die mächtigen Gewölbestützen.

Die Langseiten des Schiffes werden von gekuppelten jonischen Pilastern mit Festons in je drei Abtheilungen getheilt, in deren jeder ein Altar zu stehen kommt; die Mitte ist durch ein ganzes Gebälke mit geschweiften Giebelsegmenten, zwischen welchen sich je eine Statue erhebt, als besondere Altarnische betont, während die verkröpften Gebälkstheile der übrigen Pilaster ein ringsumlaufendes Kreuzgesimse verbindet. Die Wände des Presbyteriums sind in zwei Stockwerke getheilt, unten von je zwei Thüren, oben von je zwei Fenstern durchbrochen; zwischen den Thüren sind Nischen für den Credenztisch und den Bischofstuhl, zwischen den Fenstern Statuennischen angeordnet.

Die Fenster des Langschiffes sind in der unteren Reihe halbkreisförmig, dreitheilig, in der oberen Reihe verschiedenartig barock geschnitten und mit Gesimsen bekrönt; desgleichen die seitlichen Oberfenster des Presbyteriums, während die Fensteröffnungen des Chorschlusses unten schlank, halbkreisförmig geschlossen, oben kreisrund sind.

Abb. 64. Unter-Rotschow. Statue der hl. Katharina, von Planerkalk, um 1360 entstanden.

Das Gewölbe, welches über der Orgelempore und dem Triumphbogen auf besonders breiten Gurten aufliegt, besteht im Schiffe aus drei

Plätzelgewölben, im Presbyterium aus einer Kuppel und der anliegenden Nischenrundung.

Die Gewölbemalereien, welche laut Dlabač's Künstlerlexikon in den Jahren 1750—1760 von dem Launer Meister *Anton Smichaeus* ausgeführt worden sind, stellen vor:

1. Den Gründer des Klosters, welcher mit seiner Familie vor der ihm in einem architektonisch geschmückten Parke erscheinenden Mutter Gottes kniet (unter dem Orgelchor).

2. Glorie der hl. Jungfrau Maria mit Engeln (über der Orgel).

3. Geburt der hl. Jungfrau Maria (erstes Feld des Schiffgewölbes).

4. Verkündigung der hl. Jungfrau Maria (linke Hälfte des zweiten Feldes).

5. Heimsuchung der hl. Jungfrau Maria (rechte Hälfte des zweiten Feldes).

Abb. 65. Unter-Rotschow. Statue der hl. Barbara, von Plänerkalk, um 1380 entstanden, 1·25 *m* hoch.

6. Opferung der hl. Jungfrau Maria (drittes Feld des Schiffgewölbes).
7. Himmelfahrt der hl. Jungfrau Maria (Kuppelgewölbe).
8. Engel (Chorschluss).

Arbeiten von geringem Kunstwerte, schwache Compositionen, fehlerhaft in der Zeichnung und eintönig in der lichten Farbengebung, übertrieben und affectirt in den Bewegungen und im Gesichtsausdruck.

Der Hauptaltar auf hohem Unterbau von ovalem Grundriss, mit Marmortisch und Holzarchitektur (Abb. 63). Acht korinthische Säulen tragen ein schweres verkröpftes Gebälke mit Giebelsegmenten und Vasen; drei kniende Engel erheben über dem Ganzen eine mächtige Kaiserkrone. Zu beiden Seiten stehen Statuen der hl. Josef und Joachim und zwei grosse Engel; an den Wänden ein sitzendes Weib als Allegorie des neuen Testamentes, und Moses mit den Gesetztafeln als Vertreter des alten Testamentes. Einige kleine Engel, vier Reliefe mit Darstellungen der Geburt der hl. Jungfrau Maria, der Opferung derselben, der Geburt des Herrn und der Flucht nach Aegypten, sowie zahlreiche Bandornamente ergänzen den Schmuck des schönen Werkes. In der Mitte steht ein Glasschrank mit der gothischen Madonnenstatue. Der Entwurf stammt wohl von *Kilian Ignaz Dienzenhofer*, die Bildhauerarbeit führte *Franz Ignaz Weiss* aus Prag im Jahre 1748 aus.

Madonnenstatue, in den Jahren 1373—1390 von dem Gründer des Klosters Albrecht von Kolowrat auf den Hochaltar gewidmet, ist aus einem einzigen Stück Plänerkalkstein gemeisselt und 1·25 *m* hoch; die in den Hüften schwach gebogene Gestalt trägt ein mit einem Riemen umgürtetes Gewand und einen langen Mantel, dessen Falten in einfachen Linien zu den Füssen gleiten. Das schlanke Gesicht hat feine Formen, eine gerade Nase, einen kleinen, conventionell lächelnden Mund, eine hohe, runde Stirn, und stylisirte, starr blickende Augen; auf dem aufgelassenen Haare ruht eine Krone. In der rechten Hand hält Maria Obst, auf ihrer Linken sitzt das unbekleidete Kind mit Lockenkopf, richtig in den Proportionen, glücklich in der Bewegung. Das Werk wird durch eine moderne Bemalung arg verunstaltet.

Statuen der hl. Katharina und Barbara (B. Matějka, Památky archaeologické XVI. 550), der vorhergehenden in Material, Ausführung und Grösse vollkommen gleich, wurden mit jener vom Gründer des Klosters auf den Hauptaltar gewidmet, bei dem Neubau der Kirche im 18. Jhrht. nicht mehr in der Kirche aufgestellt, erst im Jahre 1894 aufgefunden, und aus den vielen Stücken, in welche der Plänerkalk infolge der Feuchtigkeit zerfallen war, wieder zusammengestellt. (Abbildungen der erneuerten Werke in »Národopisná výstava českoslovanská« 1896, 336.) Durch Entfernung ihrer späteren Polychromirungen weisen die Köpfe ihren ursprünglichen, tiefgefühlten Ausdruck auf. (Abb. 64, 65.)

Altäre des hl. Augustin und der hl. Monica, Wandarchitekturen mit gewundenen Säulen von polychromirtem Holz und mit vergoldeten Statuen des hl. Nicolaus, Norbert und zweier hl. Augustinianerinen. Die Bildhauerarbeit stammt von *Franz Ignaz Weiss*, die Ölbilder des hl. Augustin und der hl. Monica sind schwache Arbeiten des Launer Meisters *Anton Smichaeus*, welcher im Jahre 1753 für dieselben 50 fl. erhielt (werden durch neue Bilder ersetzt).

Altäre der hl. Benignus und Pelegrinus mit Glassärgen auf hohen Aufsätzen; in den grossen Cartoucheumrahmungen mit Engelsköpfen und

Festons kleine Ölbilder, von denen eines, den hl. Nicolaus von Toledo darstellend, in saftigen Farben ausgeführt, laut gleichzeitiger Angabe des Memorabilienbuches ein Werk des *Wenzel Lorenz Reiner* aus dem Jahre 1729 ist. Auf beiden Altären je zwei Holzstatuen von Augustinerheiligen.

Altäre der hl. Anna und des hl. Johann von Nepomuk; Säulenarchitekturen mit schlechten Heiligenstatuen und Ölbildern ihrer Patrone; die letzteren vom Maler bezeichnet: *J. Kramolin.*

Credenztisch mit barockgeschnitzter Wandverschalung, im Jahre 1754 von dem Laienbruder *Kilian Wagner* verfertigt; demselben gegenüber eine gutgeschnitzte Wandverkleidung für den Pontificalstuhl.

Kanzel von schönen Verhältnissen mit tüchtigen Holzschnitzereien, den Statuen Gott Vaters und der vier hl. Kirchenväter, an der Brustwand eine Cartouche mit figuralen Reliefs; im Jahre 1751 von *Franz Ignaz Weiss* verfertigt.

Beichtstühle, einfache Tischlerarbeiten des 18. Jhrht. mit Aufsätzen, in welche gute Ölbilder auf Leinwand, Brustbilder des hl. Petrus und der hl. Magdalena, eingelassen sind.

Kirchenbänke mit der Jahreszahl MDCCI bezeichnet, an den Schmalseiten mit dem geschnitzten Adlerwappen der Familie Kolowrat, an den Stirnseiten mit Pilastern und Festons geschmückt.

Muttergottesbild auf Kupferblech, 0·27 *m* hoch, 0·22 *m* breit, schöne Arbeit des 16. Jhrht. wohl einheimischen Ursprungs. Mutter und Kind scheinen Porträts zu sein; halbe Figur, auf dem Tische vor derselben ein Gebetbuch, eine Schüssel mit Obst und zwei Vögel. Durch wiederholten Lackanstrich beschädigt, theilweise abgeblättert. — Der getriebene und durchbrochene Silberrahmen von 0·44 *m* Höhe und 0·36 *m* Breite besteht aus Streifen verschlungener Bänder mit Muscheln und Engelsköpfen. Unten in der Mitte ein Schild mit der im vorigen Jahrhundert aufgemalten Inschrift: AVE MARIA 1459. Das Bildchen widmete Graf Cajetan Kolowrat im Jahre 1769.

Holzstatuen der zwölf Apostel von Überlebensgrösse, in den Jahren 1748—1750 von *Franz Ignaz Weiss* für 350 fl. verfertigt; energische Gestalten von ruhiger Haltung und Faltengebung, voll Ausdruck in der Bewegung und den Gesichtern.

Holzstatue der hl. Benigna, 1·20 *m* hoch, auf dem in ruhigen Falten herabgleitenden Gewande zahlreiche, vergoldete gothische b (Benigna); von alterthümlichem Aussehen, barocke Copie eines älteren Werkes.

Tabernakel aus versilbertem Blech auf tragbarem Holzgerüst, 1·25 *m* hoch. Die nischenförmige Vertiefung, welche innen mit dem auf grünem Sammte in Gold gestickten Monogramme Christi geschmückt ist, wird von einer einfachen Barockarchitektur umrahmt; auf den seitlichen Pilastern je eine geflügelte Engelfigur, in der Mitte des gebrochenen Bogens ein Engelskopf, aus Silber getrieben. Arbeit des beginnenden 18. Jhrht. schön im

Aufbau, schwach in der Ausführung, die Bezeichnung unklar (Dreipass mit den Buchstaben J F L? und das Beschauzeichen der Neustadt Prag).

Eisengitter um den Grabstein des Klostergründers Albrecht von Kolowrat im Jahre 1696—1698 errichtet; die in grossen Spiralen verschlungenen Rundstäbe sind an den Enden zu flachen Blättern breitgeschlagen. Der grosse Grabstein von rothem Marmor ohne Inschrift und Schmuck.

In der Sacristei befindet sich ein Altar mit einem Ölbild der hl. Magdalene auf Leinwand in reichem Rahmen mit Akanthusranken und verschlungenen Bändern, gleichzeitig mit der übrigen Einrichtung.

Abb. 66. Unter-Rotschow. Silberner Mantel für die Muttergottesstatue, im J. 1723 von Leop. Lichtenschoff verfertigt, 1·20 *m* hoch.

Paramentenschränke vom Jahre 1715 mit gutgeschnitzten Festons und Bandverzierungen.

Stola mit reich gestickten, stilisirten Blumen in gelegtem Silber; tüchtige Arbeit des 18. Jhrht.

Mantel für die Muttergottesstatue von Brocatstoff mit applicirtem Wappen der Familie Kolowrat, 18. Jhrht.

Mantel für die Muttergottesstatue (Abb. 66) aus durchbrochenem und getriebenem Silberblech auf fester Unterlage von Kupferblech und grünem Sammt, 1·20 *m* hoch, 1·05 *m* breit. Die ganze Fläche ist aufgelöst in schön verschlungene Bänder und stilisirte Pflanzenmotive, deren Mitte das Kolowrat'sche Wappen bildet. Bezeichnet mit dem Kleinseitner Beschauzeichen und der Goldschmiedsmarke, laut deren dies schöne Werk im Jahre 1723 von dem in Prag sesshaften Silberarbeiter *Leopold Lichtenschoff* verfertigt wurde. Die gleiche Bezeichnung trägt ein ähnlicher Mantel für das Christuskind von 0·40 *m* Höhe und 0·67 *m* Breite, in ebenso vorzüglicher Ausführung.

Silberkronen für die Madonna und das Christuskind in getriebenem und durchbrochenem Rankenwerk; auf der grösseren die Inschrift: Perill. Dn Clemens ab Hillebrant curavit 1695.

Silbernes Barockbeschläge, auf den Einband eines neuen Missales übertragen, mit Engelsköpfen an den Eckstücken, dem Reliefe der Rotschower Madonnenstatue auf dem vorderen und dem des heiligen Augustin auf dem rückwärtigen Mittelstück in Barockumrahmungen sowie mit verschlungenem Bandornament auf den Schliessen. Schön getriebene und ciselirte Arbeit, nach der obigen Marke und demselben Beschauzeichen von Leopold Lichtenschoff im Jahre 1723 verfertigt.

Glocken: Höhe 1·15 m, Durchmesser 1·10 m. Am Kronenrande ein breiter Streifen sich wiederholenden Rankenwerkes, das sich aus Brustbildern eines Tritons und einer Tritonin entwickelt; auf der einen Seite des Mantels der Gekreuzigte zwischen den Gestalten der hl. Ludmila und des hl. Clemens, am unteren Rande ein schmaler Ornamentstreifen. Auf der anderen Seite des Mantels in einfacher Umrahmung: VOX MEA VOX VITAE VOS VOCO AD SACRA VENITE; im kleinen Schilde darunter: THOMAN IARVSCH GOS MICH 1550.

Diese Glocke wurde im Jahre 1789 aus der aufgehobenen St. Clemenskirche in Prag nach Rotschow gebracht.

2. Höhe 0·65 m, Durchmesser 0·60 m mit einem Madonnenrelief und den Buchstaben S. P. P. E. D. von *Carl Bellmann*, 1821.

3. Umgegossen im Jahre 1893 von *Ernst Diepold*.

Die Thurmuhr wurde im Jahre 1754 von dem Prager Uhrmacher *Sebastian Landensberger* für 1050 fl. verfertigt.

Das CONVENTGEBÄUDE, von *J. K. Dienzenhofer* entworfen und von *Anselm Lorago* ausgeführt, bildet ein geräumiges Viereck mit je neun Fenstern in den beiden Stockwerken der Façade, welche bloss von einfachem Lesenenwerk gegliedert wird; das Portal und die Fenster flach umrahmt. Das Innere ganz einfach mit unten offenen, oben geschlossenen Umgängen und geräumigen Zimmern.

Die Einrichtung einfach, im Refectorium Truhen, eine Holzkanzel und eine Standuhr, im Provincialate zwei schöne Schmuckschränke auf Tischen mit gewundenen, säulenförmigen Füssen, im Oratorium Betstühle, sämmtlich tüchtige Arbeiten aus den Jahren 1760—1770 mit Rococointarsien, zum Theil von dem Laienbruder *Mac. Drechsler* ausgeführt.

Der Ofen im Refectorium braun glasirt, von schwerfälliger Empireform, mit der Jahreszahl 1791 bezeichnet.

Ölgemälde auf Leinwand, sieben Porträts verschiedener Gönner des Klosters in Lebensgrösse, geschenkt im Jahre 1703, zum Theil von tüchtiger Arbeit, beschädigt.

Ansichten der Klöster in Rotschow, Weisswasser, Hohenelbe, Stockau, Leipa, Taus, St. Benigna, Schopka und der Prager Klöster des hl. Thomas und der hl. Katharina, Ölbilder auf Leinwand, 1·40 m hoch, 1·94 m breit,

Abb. 67.
(Halbe Grösse)

interessant durch die Darstellung des Standes jener Baulichkeiten in den Jahren 1730—1740.

Siegelstock des Klosters (Abb. 67) von Kupfer, aus dem 16. Jhrht. mit einfachem Griff, Siegelfläche in Form einer Mandorla mit der Madonnenstatue auf gothischem Altar, dem Kolowrat'schen Adlerwappen und der Legende: ·S· KLASS ✥ ROCZOWSKEHO ✥ ZAL ✥ PANNI ✥ MARIE ✥

Abb. 68. Unter-Rotschow. Initiale A aus dem Klostergraduale, 14. Jhrht.

Bibliothek, in einem nicht grossen Raume des ersten Stockwerkes untergebracht, wahrscheinlich im 16. Jhrht. gegründet, enthält Drucke vom 15. Jhrht. beginnend, Handschriften aus dem 17. und 18. Jhrht. und zahlreiche gute Einbände vom 15. bis 18. Jhrht.

Graduale (B. Matějka, Časopis Společnosti přátel starožitností českých 1894, 105, mit zwei Abb.) besteht aus Pergamentblättern von 0·44 *m* Höhe und 0·32 *m* Breite, welche drei verschiedenen Perioden entstammen: 1. Die ursprünglichen Blätter aus dem 14. Jhrht. mit zierlichen Randverzierungen und einer grossen Initiale A auf Folio I. In derselben bringt der Klostergründer Albrecht mit seiner Gattin Anna von Seeberg kniend das Kirchenmodell der Muttergottes dar; hiebei, sowie an den Rändern das Kolowrat'sche Wappen (Abb. 68).

2. Zahlreiche Blätter mit reichem Rankenwerk wurden im 16. Jhrht hinzugefügt, als Wenzel Bezdružický von Kolowrat die im Jahre 1520 gefundene, stark beschädigte Handschrift wiederherstellen liess; auf Fol. CLXV die Initiale D mit der Gestalt des hl. Apostels Andreas.

3. Die Titelminiatur mit der Darstellung der Familie Kolowrat, zahlreiche Blätter und der grüne Sammteinband, dessen Silberbeschläge fehlen, stammen aus der letzten Herstellung im Jahre 1689.

In der Frontmauer des Wirtschaftsgebäudes neben dem Kloster ist eine Steintafel mit zwei Kolowrat'schen Wappen und den Inschriften eingelassen:

ILLVSTRISSIMVS AC EXCELLEN | TISSIMVS DOMINVS DOMINVS
HENRICVS LIEBSTESKI A KOLO | WRAT DOMINVS IN STRAL ET |
HRADEK SACRAE CAESAREAE RE | GIAEQVE MAIESTATIS FERDI
NAN | DI SECVNDI ET TERTII INTIMVS | CONSILIARIVS CVBICV-
LARIUS ET | IN REGNO BOEMIAE SVPREMVS | PRAEFECTVS HANC
FVNDATIO | NEM ROCZOWIENSEM PER TES | TAMENTVM AVXIT
ANNO 1646.

ILLVSTRISSIMVS EXCELLEN | TISSIMVS DOMINVS DOMINVS
VDALRICVS FRANCISCVS | LIEBSTESKI A KOLOWRAT DOMI | NVS
IN STRAL SICHOWIZ HRA | DEK ET BYSTRA SACRAE CAESA |
REAE REGIAEQVE MAIESTATIS FER | DINANDI TERTII ACTVALIS
INTI | MVS CONSILIARIVS CVBICVLARI | VS IN REGNO BOEMIAE
SVPREMVS | PRÆFECTVS ET CAMERAE AVLICAE | PRAESES FILIVS
RENOVAVIT | ANNO 1648.

Sandsteinstatue des hl. Johann von Nepomuk über dem Eingang in den Klostergarten, ein Werk des Laienbruders *Kilian Wagner* aus dem Jahre 1759, von geringem Werthe.

Selmitz Selmice.

Veselý J., Gesch. d. F. Schwarzenb. Domaine Postelberg 98.

KIRCHE des hl. Andreas (aufgehoben) im Jahre 1363 als Pfarrkirche erwähnt, jetzt als Wohnung eines Waldhegers eingerichtet, barock, aus Bruchstein, einschiffig, rechtwinklig; künstlerisch werthlos. Auf dem einfachen, rechtwinkligen Portalgewände die Jahreszahl: 1745, 1746 et 1747. Innen Reste unbedeutender Barockfresken.

Slavětín.

Schaller, Topogr. d. Kön. Böhmen, I., 192. — Sommer, Kön. Böhmen, XIII., 89. — Gruber, die Kunst d. Mittelalters in Böhmen, IV., 41. — Mocker, Mittheil. d. Archit.- u. Ingen.-Vereines im Kön. Böhmen, 1881, 1. — Gedenkbuch des Pfarramtes v. J. 1752.

Funde von neolithischen Skelettgräbern; ein La Tèn'sches Skelettgrab; s-förmige Schläfenringe; drei römische Münzen. (Privateingenthum der H. H. P. Štědrý, Ráž und Kraus in Slavětín, anderes in der Sammlung Merz in Laun und im Landesmuseum). Woldřich, Beiträge V. 25; Památky archaeol. VI, 78; VI, 78; XII, 138, 478; Mittheilungen der Centralcommision 1890, 109.

Der Ort wird als oppidum forense bereits im Jahre 1268 erwähnt; die Stellen der gewesenen Stadtthore an den Strassen nach Prag und Laun werden nur noch durch die Benennung der betreffenden Häusergruppen ›Za branou‹ bezeichnet.

Die PFARRKIRCHE, dem hl. Jakobus dem Ält. geweiht und bereits im 14. Jhrht. als solche erwähnt, besitzt ein romanisches Hauptschiff, ein frühgothisches Seitenschiff und ein im 14. Jhrht. errichtetes Presbyterium mit gleichzeitiger Sacristei; im 17. Jhrht. wurde eine barocke Orgelempore angebaut, im 19. Jhrht. der Thurm vor der Westfront auf romanischen Grundlagen errichtet. Der ganze Bau wurde im Jahre 1880—1881 vom Architekten Josef Mocker restaurirt.

Das Äussere des orientirten, ganz mit Mörtelbewurf versehenen Gebäudes ist einfach. Das Gemäuer des romanischen Theiles besteht aus grossen Quaderstücken von eisenhältigem Sandstein, in den oberen Schichten, über den romanischen Fenstern aus gebrochenem Plänerkalkstein. Die glatten Längsmauern werden in bedeutender Höhe jederseits von drei kleinen, halbkreisförmig geschlossenen Fenstern mit starker Ausleibung durchbrochen. An der Südseite öffnen sich ausserdem unter denselben zwei in Grösse nicht ganz übereinstimmende zweitheilige Fenster mit gothischem Masswerke, deren eines sehr späte und nüchterne Formen aufweist.

An der Nordseite wird die aus gebrochenem Plänerkalk schmucklos errichtete Mauer des frühgothischen Seitenschiffes bloss von einem einfachen Wasserschlag und den drei Strebepfeilern mit kleinen Absätzen gegliedert. Von den beiden grösseren Fenstern des Schifftheiles hat sich in einem ein dreiblättriges Masswerk erhalten, während das einzige offengebliebene schmale Fenster des Chorschlusses einfach halbkreisförmig überwölbt ist; die beiden weiteren Fenster des Altarraumes wurden durch die angebaute Sacristei verdeckt.

Das Presbyterium aus gebrochenem Plänerkalk wird ringsum gestützt von zehn Strebepfeilern aus Sandsteinquadern mit kleinen Absätzen und spitzen, blumenbekrönten Giebeln. In den Zwischenfeldern befinden sich acht grosse Fenster, deren zwei mit dreitheiligen, die übrigen mit zweitheiligen Masswerken verschiedener Art geschmückt sind: Dreipässe und Schleussen in Kreis- oder Dreieckformen, in dem Ost- und in einem Südfenster je eine reiche Rose. Das Sockelgesimse des Presbyteriums ist ausgekehlt.

Der Thurm wurde nach Angabe des Gedenkbuches im Jahre 1837 auf den Grundmauern eines älteren, wahrscheinlich romanischen errichtet.

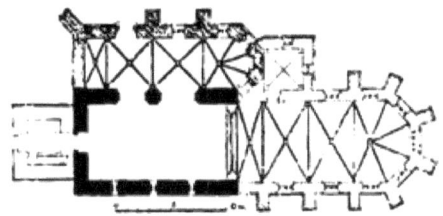

Abb. 69. und 70. Slavětín. Südseite und Grundriss der Kirche.

Das Innere des romanischen, rechtwinkligen Schiffes ist 12·50 *m* lang, 6·50 *m* breit und 11·50 *m* hoch (Mauerstärke 1·25 *m*), ganz einfach, flach eingedeckt. Die barocke Orgelempore trägt an der Brüstung Bandverzierungen und Cartouchen in Stuck, in welche neuerdings Wappen aufgemalt wurden. Die Nordmauer wurde an zwei Stellen durchbrochen und mit gothischen Bögen gestützt; dieselben haben breite Rinnen als einzige Profilglieder.

Das Seitenschiff, 14·40 m lang, 4·20 m breit und 6·50 m hoch, (Mauerstärke 1·10 m) wurde im 13. Jhrht. an die Nordseite angebaut; sein Kreuzgewölbe besteht aus einem schmalen und zwei quadratischen Feldern, sowie einem Schlusse von fünf Seiten des Achteckes. Die in fünf Flächen keilförmig geschnittenen Rippen kreuzen sich in vier Schlusssteinen, deren erster über dem Altar, und vierter über der Empore glatt sind; im zweiten das Kleinod des Slavětiner Wappens (?), zwei mit einem Schleier umwundene Hörner, jederseits drei Lindenblätter; den dritten Schlussstein schmückt eine fünfblättrige Rose. Die Gewölberippen sitzen an der Südseite auf einfachen Spitzconsolen, im Chorschlusse auf den vier Capitälen der runden Dienste, an der Nordseite auf vier Capitälen der fünfseitigen Dienste. Die Capitäle im Chorschluss bilden scharfkantige Ringe, diejenigen des Schiffes fünf mit stilisirten Blumen geschmückte achtkantige Prismen. Die beiden stark beschädigten Capitäle der Westwand sind mit Rebenlaub umwunden.

Abb. 71. Slavětín. Profil des Gewändes der Sediliennische 1/10.

Der Triumphbogen, bei einer Spannung von 4·80 m bis zur Decke reichend, besitzt ein Profil mit birnförmigem Mittelglied, von welchem zwei Auskehlungen zu den seitlichen Rundstäben führen.

Das Presbyterium ist 16 m lang, 7·10 m breit und 12·50 m hoch (Mauerstärke 0·90 m); um die glatten Wände läuft ringsum ein Sohlbankgesimse mit Schmiege und Unterkehlung. Das Gewölbe wird von einem schmäleren und zwei breiteren Kreuzfeldern, sowie einem Schlusse aus dem Achtecke gebildet; seine Rippen mit dreiseitigem Mittelglied und zwei seitlichen Kehlen laufen gleich unter dem Gewölbe todt. Vier Schlusssteine: 1. über dem Altar ein Schild mit dem Buchstaben M (Mikuláš von Slavětín, der Besitzer des Städtchens bis zum Jahre 1379, der Erbauer dieses Kirchentheiles), 2. und 3. glatt; 4 drei Lindenblätter des Slavětiner Wappens.

Sediliennische mit rechtwinkliger, profilirter Umrahmung (Abb. 71). An den Seiten von hohen Fialen begleitet. Die untere Hälfte der inneren Fläche ist bemalt, in der oberen befand sich einstmals ein Masswerk, dessen Reste, zwei schön verzierte architektonische Baldachine (mit dem M und dem Slavětiner Wappen bezeichnet) im böhmischen Museum sich befinden.

Sanctuarium an der Wand, von Sandstein, 1·20 m hoch, 0·96 m breit, auf einer Sohlbank, mit profilirter Umrahmung und dreiseitigem Giebel; in diesem ein einfaches Blendmasswerk mit zwei vorspringenden Nasen, auf demselben zehn Krabben, eine grosse Kreuzblume und zwei seitliche Fialen mit dem Slavětiner Wappen und dem Buchstaben M.

Der Eingang zur Sacristei wird von einem gebrochenen, mit einem Birnstabe profilirten Bogen überwölbt, und von einer mit Blech beschlagenen Eichenthür geschlossen; an derselben der alte Ring und ein gothisches Schloss.

Die Sacristei von 3·50 *m* Länge und Breite hat ein neues Kreuzgewölbe, welches auf stark beschädigten Consolen, Mannsmasken, aufsitzt.

Die Wandmalereien, welche sämmtliche Mauerflächen des Presbyteriums bedecken, sind in der linken Ecke beim Triumphbogen mit einem nun unleserlichen Inschriftreste bezeichnet, welcher bei der von Peter Maixner ausgeführten Restaurirung aufgefunden wurde. Unter demselben vier Votivbilder: ein kniender Ritter mit einem Knaben und drei Frauen mit Kindern. Zwischen denselben die moderne Übertragung obiger Inschrift: HAEC Pictura AB Anno 1385 fundata sub Domino NICOLAO AB HASNBVRG qui fuit Haereditarius huius Oppidi Slavietin. Von der Jahreszahl sind jedoch bloss die Ziffern 13—5 richtig, welche zur Zeit der Aufdeckung der Malerei in das Gedenkbuch des Pfarramtes eingetragen wurden; nachdem Nicolaus von Hasenburg, der Stifter dieses Werkes, bloss bis zum Jahre 1379 im Besitze der Stadt stand, ist die Datirung etwa auf das Jahr 1365 oder 1375 zu setzen.

Der Inhalt der Darstellungen enthält in loser Reihenfolge Vorgänge aus dem Leben der hl. Jungfrau Maria, Jesu Christi und verschiedener Heiligen; ausserdem einige Votivbilder. (Vergleiche Tabelle II. und III.) Näher zu erklären sind folgende Bilder:

Auf der linken Seite ist in der obersten Reihe in der Ecke beim Triumphbogen der Stifter Nicolaus von Hasenburg dargestellt (mit einem M im Schilde und dem fast verdeckten Slavětiner Wappen), indem er das Kirchenmodell mit der Statue des hl. Jacobus dem hl. Adalbert übergibt (des Stifters Vater hiess Adalbert). In derselben Reihe im Felde beim ersten Fenster das Wappen der Herren von Prostiboř; über demselben (auf der Abbildung unkenntlich) übergibt der hl. Adalbert das Kirchenmodell dem Gott Vater. Das Wappen der Herren von Prostiboř wiederholt sich auf derselben Seite bei einem der knienden Benedictiner. Ober denselben in zwei Feldern Christus mit den zwölf Aposteln. Die übrigen Darstellungen beziehen sich auf das Leben Mariens (4 Bilder), die Jugend Christi (8), auf die Jungfrau Maria als Beschützerin der Gläubigen und auf den Erlöser als obersten Richter mit Bezug auf das jüngste Gericht; daselbst das kniende Stifterpaar.

Im Chorschlusse die Gestalten der Propheten und Heiligen (33), von welchen zu erkennen sind: der hl. Wenzel, Georg, Stephan, Laurenzius und Siegmund und die hl. Elisabeth, Magdalene, Margarethe, Katharina und Barbara. In der untersten Reihe das Märtyrium des hl. Erasmus mit der knienden Stifterin, der Tod der zehntausend Märtyrer und die Gestalt des hl. Bartolomäus.

Auf der rechten Seite sind zwanzig Darstellungen dem Leben und der Erlösungsgeschichte des Herrn entnommen (die Kreuzigung beim Chorschluss); drei Vorgänge in der Reihe über dem Sohlbankgesimse sind zu deuten: die Predigt im Tempel (Evangelium des hl. Lucas, Cap. IV. Vers 16—30), das Gleichnis vom verdorrten Feigenbaum (Evangelium des hl. Marcus, Cap. XI. Vers 13—20) und die Verklärung des Herrn (? — Evangelium des hl. Matthäus, Cap. XVII. Vers 1—4). In der untersten Reihe: sechs Bilder aus der Legende der hl. Maria von Aegypten; der hl. Jacobus als Behüter der Pilger, Kirchenpatron; der hl. Nicolaus, der Patron des Stifters; die Verkündigung Mariens; ein Eccehomo-Bild, von welchem Strahlen ausgehen zu den in seitlichen Nischen angeordneten Repräsentanten der verschiedenen Lebensberufe; schwer zu erklären ist die in rechtem Arm des Heilandes eingeklemmte Schere.

Der alterthümliche Charakter des ganzen Werkes erlitt bei der im Jahre 1881 ausgeführten Restaurirung Veränderungen, welche besonders für das Detail der Zeichnung und für die Farbengebung ungünstig ausfielen, indem einzelne Theile ein ganz modernes Aussehen erhalten haben. Bloss die Gesammtanordnung und der Inhalt sind unverändert geblieben und bieten in der Lebendigkeit der Darstellung, in eingehender und unbefangener Erzählungsweise mannigfaltiges Interesse. Die technischen Fertigkeiten des Malers sind nicht bedeutend, obwohl derselbe mit einer gewissen Leichtigkeit schuf; die Proportionen der vorgeführten Personen sind oft unrichtig bald gedehnt, bald gedrängt, anatomische oder stoffliche Einzelnheiten ganz allgemein angegeben, geistige und innerliche Bewegungen nicht durch Gesichtsausdruck, sondern nur durch die zwar ungeschickte, jedoch sprechende Gesticulation ausgedrückt. Deshalb mangelt es den meisten Vorgängen an tieferem Gefühl, welches bloss in den Darstellungen inniger Mutterliebe glücklich ergriffen wird. Der stets gleiche muntere Ausdruck passt wohl gut zu den einfachen, ruhigen Scenen, contrastirt jedoch entschieden mit dem Inhalte der zahlreichen grausamen Geschichten des Kindermordes, der Passion oder des Märtyrertodes, welche vom Maler mit einer ergötzlichen Naivetät ohne alle Leidenschaft erzählt werden. Auch den repräsentativen Gestalten des thronenden Christus als Weltenrichter u. a. m. fehlt Erhabenheit und Majestät.

An das Gewölbe wurden die Wappen der mit der Geschichte Slavětins im 14. Jhrht. verknüpften Familien gleichzeitig aufgemalt und später ergänzt; daselbst befinden sich die Wappen:

1. der Herren von Slavětin
2. » » » Pnětluk
3. » » » Řisut
4. » Donin
5. » Doupovec v. Doupov
6. von Očedělic
7. » » Kamejk
8. der Herren von Waldek
9. » » » Herstein
10. » » » Kladno
11. » » » Vchinsky
12. » Prostibor
13. » » Seeberg (von Slavětin)
14. und 15. der Herren von Hasenburg

Abb. 72. Slavětín. Hauptaltar vom Jahre 1531, etwa 10·50 m hoch und 4·10 m breit.

16. der Herren von Hrivic
17. »   »   » Tetin (Haugwitz, Biskupic)
18. »   »   » Žerotin
19. der Herren von Racineves
20. »   »   » Adlar (Kolovrat)
21. »   »   » Morověves.

In den Feldern des Gewölbeschlusses sind die vier Evangelistenzeichen aufgemalt.

Die im 17. und 18. Jhrht. hinzugefügten Barockwappen der Herren von Weinberg, Čachovský von Svémyslic, Papazoni von Mirandola und Klarstein sowie der Pfefferkorn von Ottobach wurden auf die Brüstung der Orgelempore übertragen.

Der Hauptaltar, ein zusammenlegbarer Altarschrank von etwa 10·50 *m* Höhe und 4·10 *m* Breite, ist auf der Wappentafel, mit welcher das in die Predella eingelassene Abendmalrelief geschlossen wird, mit dem Wappen der Sokol von Mor und der Aufschrift bezeichnet: WACZLAW SOKOL Z MOR 1531. Im Mittelfelde des geöffneten Altares halten zwei Engel in ganzer Gestalt die gothische Umrahmung der Tabernakelnische. Die porträtartigen Köpfe derselben sowie die reich gefalteten Gewänder sind in dem für ihre Entstehungszeit so charakteristischen Flachrelief ausgeführt. Die geöffneten Altarflügel zeigen auf der inneren Festtags-Seite die auf Goldgrund in reicher Goldrahmung gemalten vier Bilder: 1. Die Geburt des Herrn, 2. die Auferstehung, 3. die Himmelfahrt und 4. die Herabsendung des hl. Geistes. Der geschlossene Altarschrank weist auf den Aussenseiten der Flügel die einfach schwarz umrahmten Darstellungen ohne Goldgrund auf: 1. Christus auf dem Ölberge, 2. die Gefangennahme des Herrn, 3. die Vorführung vor Pilatus, 4. die Geisselung, 5. die Dornenkrönung, 6. die Vorführung vor das Volk, 7. der Weg nach Golgotha, 8. die Kreuzigung. Die wohlerhaltenen Gemälde von tüchtiger Ausführung, sicherer Zeichnung und klarer Farbengebung entlehnen ihre Compositionen deutschen Kupferstichen. Das Altarwerk wird oben von einem hohen Aufbau abgeschlossen, unter dessen schlanken Thürmchen zwischen Fialen und nüchternem spätgothischen Rankenwerk die Holz-Statuen der Heiligen Jakobus, Petrus und Paulus stehen, welche jedoch keinen selbständigen Kunstwert besitzen. (Abb. 72.)

Der frühere Hauptaltar, ein gemalter Schrank aus dem 14. Jhrht., befindet sich im Museum des Königreiches Böhmen.

Ein Altarschrank aus dem 16. Jhrht. ist im Pfarrhause aufbewahrt, 0·96 *m* hoch, 1·20 *m* breit; derselbe besteht aus drei Tafeln, deren mittlere die Himmelfahrt des Herrn darstellt, während auf den inneren Seiten der Flügel die vier hl. Evangelisten schreibend, auf den äusseren Seiten die stehenden Gestalten der hl. Katharina und Elisabeth abgebildet sind; das Werk, welches schon ursprünglich nur geringen Kunstwert besass, erlitt ausserdem eine schlechte Übermalung.

Ölbild der hl. Familie auf einer 2·00 *m* hohen und 1·35 *m* breiten Holztafel, stellt die Bildnisse des Mathias Arnoldinus von Klarstein, seines

Weibes und seiner Kinder vor und wurde im Jahre 1635 von dem Slavetiner Burggrafen Martin Krajnus angeschafft; der Originalrahmen mit hohem Aufsatz ist eine gute Tischlerarbeit aus dem 17. Jahrhundert.

Liegender Leichnam Jesu Christi, von Holz geschnitzt, für das heilige Grab bestimmt, 1·66 m lang, in naturalistischer Wahrheit einen bloss mit dem Lendentuch bekleideten Leichnam darstellend, aus dem 16. Jhrht., die Polychromie und einige Ergänzungen neu.

Die Holzkanzel und Orgel sind gute, mit barocken Schnitzereien geschmückte Arbeiten.

Taufbecken aus einem Stück Plänerkalkstein, 0·96 m hoch, vasenartig mit barockem Holzdeckel (Abb. 73).

Weihwasserbecken, von Plänerkalkstein, 0·90 m hoch, kelchförmig; der gleich dem Taufsteine mit aufstrebenden Stäben geschmückte Kessel ruht auf glattem, kegelförmigen Fusse, welcher oben von einem strickartig gefurchten Rundstab umwunden ist.

Kirchenbank aus Theilen einer älteren Arbeit eines einfachen Dorftischlers zusammengestellt, interessant durch die

Abb. 73 Slavětín, Taufstein, 0·96 m hoch.

hohe Wandverschalung, deren Felder in Schablonenmalerei ornamentale Einlegearbeit nachahmen; unter dem von Consolen gestützten Gesimse ein Fries mit der Aufschrift: ..., T NAKLADEM IANA MALIHO A IOSEFA RZÆZACZE Z WELTES 1618.

Grabdenkmal von Plänerkalk, 2 m hoch, 1 m breit, ohne Aufschrift, mit einer schön ausgeführten, geharnischten Rittergestalt, welche durch das beigegebene Wappen als Sprosse der Familie der Sokol von Mor gekennzeichnet wird; 16. Jhrht.

Die weiteren Grabsteine, angeblich künstlerisch wertlos, wurden grösstentheils mit den Inschriften nach unten gewendet in das Kirchenpflaster eingelassen. Die letzteren lauten nach Angabe des Gedenkbuches:

1. Ve středu po sv. Havlu 1531 umřel urozený vladyka pan Sigmund Sokol z Mor a na Vršovicích. Tuto jest pochován Proste Pána Boha.

2. Leta od narození Syna Božího tisícího petistého padesátého druhého umřel jest urozený pan Albrecht (Sokol)
smilovati nad jeho duší,
3. Ve středu po veliky noci 1565 umřel urozený vladyka Jiřík Sokol z Mor na Slavětíně a Vršovicích. Pán Bůh račiž dáti duši jeho věčnou radost.
4. 1565 v středu před Božím tělem umřel Mikuláš syn urozeného vladyky pana Václava Sokola Vršovského a na Slavětíně. Pán Bůh rač dáti duši věčnou radost.
5. 1582 to pondělí po sv. Matouši dokonala jest život svůj urozená panna Johanna Sokolova z Mor a na Slavětíně,
6. 1589 na zelený čtvrtek usnula jest v Pánu Anna dcera urozeného pana (Jana) Sokola . . . . berka . . .
7. 15)6 . umřel urozený a statečný rytíř Sokol z Mor. . . . Proste zaň Pána.
8. 1598 v pondělí před sv. Kateřinou umřela Alena, dcera urozeného pana Jana mladšího Sokola z Mor a na Vršovicích a paní Johanny z Hertenberka.
9. V neděli v noci na pondělí před 12. hodinou po sv. Pavlu na víru obrácení 1608 všemohoucí Bůh z tohoto světa povolati ráčil urozeného a statečného rytíře pana Zikmunda Sokola z Mor a na Slavětíně. Tuto tělo jeho odpočívá očekávaje radostného z mrtvých vstání.
10. 1608 u vigilii Simonis et Judae Girzi Holan z Giljowa nenadále a nešťastně zamordován jsouc v Kostomlatech život svůj dokonal a tuto odpočívá v Pánu.
11. L. P. 1619 v ten outerý po smrtelné neděli v 12. a 13. hodinu na českém orloji umřel urozený a statečný rytíř pan Albrecht Sokol z Mor v Slavětíně, jehožto duši rač . . . . . býti milostiv a tělo v den poslední vzkřísiti.
12. Grabstein mit nicht lesbarer Inschrift und dem Wappen der Papazoni von Mirandola und Klarstein; deckt die Gebeine der Katharina, Tochter des Johann Papazoni und seiner Gattin Katharina geb. Zahrádka von Průchod (starb am 16. October 1649).
13. L. P. milostivého 1682 tu sobotu před smrtelnou nedělí usnula v pánu Bohu urozená paní Kateřina Papazonova, rozená Zahrádková z Průchodu, jejížto duši Pán Bůh rač věčnou radost a slávu dáti. Amen.
14. 27 Februaru 1695 usnula v Pánu uroz. pani Maximilianova Weinbergerowa rozená Czachowská jejížto duši Pán Puh rač milostiv býti.
15. Die 2. Maii 1711 W(ilhelmus) W(enceslaus) P(apazoni) D(e) C larstein) S acerdos) C(anonicus) W(yssegradensis). Dominus hereditatis mee et Calicis mei tu es qui restitues hereditatem meam mihi. In pace in id ipsum dormiam et requiescam.
Altarleuchter von Messing gegossen: Ein gothischer (Abb. 74), 0·22 m hoch, auf sechsseitigem Fusse, welcher nach Art der Monstranzen

einen Nodus mit sechs Rauteln besitzt. Zwei gedrechselte Leuchter mit scharfkantigen, der Renaissance entsprechenden Formen, 0·44 *m* hoch. Zwei ähnliche Leuchter mit runden Barockformen, 0·51 *m* hoch. Zwei gedrechselte Leuchter mit schlanken kegelartigen Gliedern, 0·42 *m* hoch, tragen auf dem runden Fusse die Aufschrift: MATEG. HOLVB. KATERINA. TGICHA. 1677.

Casula mit gut in färbiger Nadelmalerei gesticktem Blumenornament und dem Bilde der hl. Jungfrau Maria, 18. Jhrht.

Glocken: 1. Höhe 1·18 *m*, Durchmesser 1·18 *m*, am Kronenrande die einzeilige Inschrift: A. S. Z M. SLAWIETINSKA PAMATKA A MDCXIII. VERBVM DOMINI MANET IN AETERNVM. Dieselbe ist in der Mitte unterbrochen von einer kleinen Medaille mit dem Zeichen eines Bären und der Umschrift: MARTINVS HILLGER ME FECIT 1612. Rundum läuft ein Band hängender Akanthusblätter. Am Mantel vorn zwei Wappen in einfachen Medaillons mit Lorbeerstabrahmen und den Buchstaben: A S Z M (Albrecht Sokol z Mor) und A S Z D (Anna Sokolova z Doupova). Rückwärts am Mantel das Slavětíner Stadtwappen mit der Legende: S. CIWITATIS. SLAWETINENSIS EST.

Abb. 74. Slavětín. Gothischer Leuchter, 0·22 *m* hoch.

2. Höhe 0·78 *m*, Durchmesser 0·81 *m*, am Kronenrande die einzeilige Umschrift: anno ☩ domini ☩ millesimo ☩ quingentesimo ☩ hoc ☩ opus ☩ operatum ☩ per manus ioanis ☩ campani fusoris; darunter die Reliefgestalt des hl. Jacobus (0·15 *m* hoch).

3. Höhe 0·76 *m*, Durchmesser 0·76 *m* von K. Bellmann im J. 1838 gegossen.

Das Pfarrhaus wurde in den Jahren 1753—1759 als einstöckiges Gebäude errichtet, besitzt flache Rococorahmen an den Fenstern, gehäufte Wandpilaster an den Ecken und ein Mansarddach.

Statue des hl. Johannes von Nepomuk in der Rathhausgasse, gute Sandsteinarbeit aus dem J. 1761 auf hohem Barocksockel mit zwei kleinen Engeln zu beiden Seiten.

Capelle, dem Feste der Heimsuchung Mariens geweiht, an der Strasse nach Laun, wurde in den Jahren 1672 bis 1677 aus Bruchstein auf achteckigem Grundrisse erbaut und mit einem geschweiften Kuppeldache eingedeckt. Das Äussere schmucklos; im Innern, dessen Weite 8·90 *m* beträgt, sind an der hölzernen, mit Leinwand bespannten Kuppel lebensgrosse Heiligengestalten auf dem mit Blumenranken bedeckten Grunde aufgemalt; schwache Arbeit, bezeichnet: *Fecit Frau. Vogt. 1677.* An der Brustwand der Empore befinden sich gemalte Wappen der Familie Weinberg und der Gr. Clara Kulhánek von Klaudenstein, sowie Inschriften aus den Jahren 1682 und 1747.

Auf dem Altare ein barocker **Bildrahmen** mit gutgeschnitztem Rankenwerk und den Statuetten der 14 hl. Nothhelfer.

Bildnis der verstorbenen Fr. Katharina Papazoni geb. Zahrádka. Dieselbe ist im Sarge liegend in Lebensgrösse dargestellt, schwarz bekleidet, mit weissem Schleier; oben eine böhmische Inschrift und das Wappen; auf Leinwand, stark beschädigt.

Abb. 75. Slavětín. Halbe Grösse.

Städtischer SIEGELSTOCK, auf dem Gemeindeamte aufbewahrt, von Silber, aus dem 14. Jhrht.; der Abdruck von 0·046 m Weite im Durchmesser, mit Stadtwappen und der Umschrift:

✠ S ✢ CIUITATIS ✢ DE ✢ SLAUYETIN.

Smolnitz — Smolnice.

Sommer. Kön. Böhmen, XIII, 81; Veselý, Gesch. d. F. Schwarz. Bes. Citolib, 113; Gedenkbuch des Pfarramtes vom Jahre 1777.

Culturgruben mit Thongefässcherben, Feuersteinsplittern, Thierknochen und einem Kinderschädel in der Ziegelei. »Na Sedličkách« Überreste einer Ansiedlung mit Thongefässcherben, Steinartefacten und Bronzegegenständen (Sammlung Wiehl in Prag). Ähnliche Funde »nad Sedličkami«. In der Culturschichte auf der Parcelle Nr. 464 ein Menschenskelett und ein Kinderschädel mit einer Thonschelle und einem Henkelgefäss älteren Typus. Mitth. der Centr.-Comm. 1895, 55; Veselý l. c. 113; Mitth. der Anthrop. Gesellschaft 1893, 57.

PFARRKIRCHE, dem hl. Bartholomaeus d. Ap. geweiht, als solche bereits im Jahre 1386 erwähnt, im 17. Jhrht. Filiale, vom Jahre 1698 wieder von einem eigenen Pfarrer verwaltet und in den Jahren 1741 bis 1744 erneuert.

Das orientirte, gothische **Gebäude** ist aus gebrochenem Plänerkalkstein errichtet, aussen mit glattem Lesenenwerk und rauhem Mörtelbewurf in den Füllungen versehen. Die Westseite glatt, von einem Strebepfeiler gestützt und einem barocken Giebel überhöht. Die Langseiten des Schiffes werden von je zwei Fenstern durchbrochen,

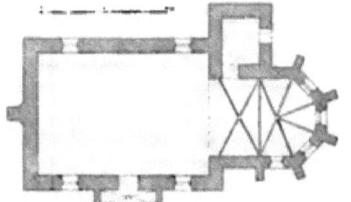

Abb. 76. Smolnitz. Grundriss der Kirche.

deren barock umrahmte Laibungen in weiten Kleeblattbögen überwölbt sind; inmitten der Südseite tritt eine **Portalhalle** vor, deren Kreuzgewölbe mit birnförmigen Rippen auf einem grossen, äusseren Halbkreisbogen birnförmigen Profiles aufruht; im Schlussteine des Gewölbes das Wappenzeichen der Herren von Hřivic. Die Thürumrahmung barock.

Das **Presbyterium**, mit dem Kirchenschiffe gleich hoch und unter einem gemeinsamen, steilen Satteldache mit Hohlziegeln, schliesst mit drei Seiten eines Achteckes; dasselbe wird von fünf abgestuften Strebepfeilern gestützt und von vier Fenstern durchbrochen; die letzteren gleichen in Gestalt den Fenstern des Kirchenschiffes.

Der an die Nordseite des Presbyteriums angelehnte, ebenfalls gothische Thurm enthält im Erdgeschosse die Sacristei, im Obergeschosse eine Kammer mit Schiesscharten; sein über das Kirchendach überragender Theil wurde im Jahre 1789 erbaut und mit einem unschön ausgebauchten Helme eingedacht.

Im Inneren, dessen Schiffsraum eine Länge von 13·60 *m* und eine Breite von 9·40 *m* besitzt, im Priesterraum 9·30 *m* lang und 6·00 *m* breit ist (bei 1·10 *m* Mauerstärke), blieb bei der barocken Erneuerung bloss das gothische Gewölbe des Presbyteriums erhalten; die Rippen des einzigen Kreuzgewölbes und des fünfseitigen Schlusses sind birnförmig profilirt und treffen sich in zwei Schlusssteinen, deren erster über dem Altare das Wappenzeichen der Herren von Hřivic trägt; der zweite ist glatt.

Die Sacristei ist kreuzförmig eingewölbt, mit stark beschädigten Rippenconsolen in Form von Menschenköpfen; in derselben ein Wandsanctuarium von 1·20 *m* Höhe und 0·45 *m* Breite, dessen Giebel von einem angeblendeten Kleeblattmasswerk, sechs Krabben und einer Kreuzblume geschmückt wird.

Der Rahmen des Hauptaltarbildes ist eine tüchtige Arbeit des 18. Jhrht., mit reichgeschnitzten Akanthusranken.

Taufbrunnen von Zinn, 0·80 *m* hoch, auf drei Füssen, welche antike Hermen nachahmen. Auf dem Mantel des Kessels vorn die Reliefgestalt des hl. Bartholomaeus, an den Seiten zwei Löwenköpfe mit Ringen, rückwärts die Aufschrift: LETA PANE 1597 PROJEDNAVANIM UROZENE PANI KATERZINY SSELMBERKOVÉ ROZENÉ WEITMILE A NA TOUZETINE TUTO KRTITEDLNICI UDELAL SLOVUTNY BARTOLOMIEG ZWONARZ Z CIMPERCHU W NOVEM MESTE PRAZSKEM K OSADE SV. BARTOLOMIEGE VE VSI SMOLNICI NAKLADEM WSSECH OSADNICH K TEMUZ ZADUSSI SMOLNICZKEMU PRZINALEZEGICJCH Z TOHO BUD PANU BOHU NA WIEKY CHWALA. Die Marke des Zinngiessers und das Neustädter Beschauzeichen sind unklar abgedrückt (unvollkommen reproducirt).

Casula, schwarz mit aufgenähten Silberschnürchen, welche stilisirte Rosen und Tulpen sowie Bandornamente bilden, gute Arbeit des 18. Jhrht.

Grabplatte aus Plänerkalkstein, theilweise verdeckt, mit ursprünglich colorirtem Wappen und der Aufschrift (laut Gedenkbuch): AN 1606 NO | MONUMENTVM MAGNFICÆ HEROINÆ D. D. CATHARINÆ LYBENTHALÆ ORTÆ DE STYRPE WEITMILLÆ GENEROSI AC STRENVI EQVITIS D. PETRI A LYBENTHALN IN GRATZO ET TAVZETIN S. C. M. DAPIFERI VXORIS LECTIS QVAE DVORVM MARITORVM CONSORS PRIMI MAGNIFICI D. D. JOHANNIS A SSELNBERG OLIM JVDICIS REGNI BOHEMIÆ,

S. C. M. CONSILIARI etc. VIXIT ANNOS LVIII DIE XXX APRILIS INTRA MERIDIEM DEBITVM VITAE EXSOLVIT AC PLACIDE IN CHRISTO ABDORMIVIT.
Glocken: 1. Höhe 1·15 *m*, Durchmesser 1·20 *m*; im Jahre 1896 von E. Diepold genau nach dem Originale umgegossen; am Mantel die Reliefgestalten der Jungfrau Marie und des hl. Bartholomaeus, am Kronenrande die Inschrift: Anno x domini o millesimo x Quincentesimo o duodecimo o en x ego x Kampana o nunquam x pronuncio x vana o ignem x vel ferrum o bevom x aut x funus o honestum x Qui x me o fecit o magister x bartholomeus x nomen x habet x in x nova . civitate o pragens o vent o cancte x spiritus o reple o tuorum x corda o fidevom o e tui x amoris (?)
2. Höhe 0·88 *m*, Durchmesser 0·88 *m*; am Kronenrande die Aufschrift: Anno quo iniuste Brandenburgus occupavit viribus Bohemiae et Saxoniæ Regna. — Am barock verzierten Mantel: Curato Smolnicensi P. Wenzeslao Kocian — Refusa sub domino P. T. Serenissimi Principis D. Josephi Adami Schwarzenberg et Ducis in Crumau Directore Postelbergensio D. Joanne Francisco Hohensteger administratore Tauschetinensi D. Fr. Petro Cegka. Unten: Johann Georg Kühner goss mich in Prag 1757.
3. Höhe 0·73 *m*, Durchmesser 0·73 *m*, glatt, bloss mit einem einfachen dreiblättrigen Ornamentstreifen am unteren Rande verziert, 16. Jhrht.

Solopisk — Solopisky.

Neolithische Aschengruben mit Artefacten (im Frauenberger Museum. Woldřich, Mitth. d. Anthr. Gesellsch. 1884, 6.

Stein-Teinitz — Týnec Mnichovský.

Bronzenadel mit Kopf (im Launer Museum). Šnajdr, Poč. předh. míst. země České 17; Mitth. d. Centr. Comm. 1893, 109.

Stradonitz — Strádonice.

Westlich vom Dorfe längs der Strasse nach Pátek umfangreiche Culturschichten mit neolithischen Funden; liegende Hocker der uněticer Periode; La Těn'sche Skelettgräber; S-förmige Schläfenringe; verzierte Armbänder aus Glas und Lignit und La Těn'sche Ketten im Landes-Museum. Bei der Mühle eine prähistorische Ansiedlung mit Thongefässcherben, La Těn'schen Typus. Oberhalb der Gemeinde »Na šancích« ein Burgwall mit halbrundem Damm. (Einzelne Gegenstände in der hiesigen Schulsammlung, im Besitze des hierortigen Grundbesitzers B. Klapka, in der Sammlung Merz zu Laun und Fr. Kučera in Prag.) Pam. arch. XIII, 235, 237; XV, 409; XVI, 584, 764 und 814; Haškovec, Šest lebek z útvaru starších a mladších naplavenin v Čechách, 156 (im »Věstník král. české spolecn. nauk«, 1890); Woldřich, Beitrage V.; Niederle, Lidstvo v době předh. 509; Šnajdr, Poč. před. mist. země české 15; Katalog der retrospectiven Ausstellung 1891 I, Nr. 103, 196; Niederle, Bemerkungen zu einigen Charakteristiken der altslawischen Gräber, 143.

Telletz — Telce.

Schaller, Top. d. Königr. Böhmen I. 195. — Sommer, Königr. Böhmen XIII. 89. — Sedláček, Hrady a zámky VIII. 218.

Urnen, Bronzenadeln, Armbänder und S-förmige Schläfenringe (im Landesmuseum). Pam. Arch. III, 420; Šnajdr, Poč. předhist. mist. země české, 47; Niederle, Bemerk. zu einigen Charakt. d. altslaw. Gräber, 143.

FILIALKIRCHE, dem hl. Nicolaus geweiht, im Jahre 1358 als Pfarrkirche erwähnt, in den Jahren 1779 bis 1786 neu erbaut. Das orientirte Gebäude von gebrochenem und verputztem Plänerkalkstein ist einschiffig mit einem vierseitigen Thurme in der Westfront; das gefällige Barockdetail dem der Černochower Kirche ähnlich. Die Langseiten werden von Wandstreifen gegliedert und jederseits von drei halbkreisförmig geschlossenen Fenstern durchbrochen. Das Mansarddach bildet mit dem mehrfach gebrochenen Thurmhelme eine schöne Silhoutte.

Das Innere von 24 *m* Länge und 7·30 *m* Breite besteht aus einem rechteckigen, in den Winkeln abgerundeten Schiffe und einem vierseitigen Altarraum. An den Wänden jonische Pilaster, auf den dieselben verbindenden drei Gewölbegurten liegen böhmische Kappen auf.

Der vierseitige Thurm, ein Überrest der ursprünglichen Kirche, ist aus grossen, behauenen Plänerkalk- und Sandsteinquadern errichtet; auf den letzteren wiederholt sich das Zeichen V\. Zu dem unteren Stockwerke führen Schneckenstiegen, zu dem höheren eine gerade Treppe in der Mauerstärke.

Den Bildrahmen des Hauptaltares bilden schön geschnitzte Akanthusranken mit Sonnenblumen, 18. Jhrht.

Holzstatuetten des hl. Augustin und hl. Norbert, 0·35 *m* hoch, geschickte, polychromirte Schnitzarbeiten des 18. Jhrht.

Glocken: 1. Höhe 0·95 *m*, Durchmesser 0·90 *m*; am Kronenrande eine Reihe von Engelfigürchen mit Instrumenten, darunter hängende Akanthusblätter mit Festons. An der Vorderseite des Mantels zwischen den Reliefgestalten des hl. Nicolaus und hl. Siegmund die Inschrift: LETA PANIE 1587 | ZWON TENTO VDIELAL SLOWVTNY BRYKCY | ZWONARZ Z CYNPERKV W NOWEM MIESTIE | PRAZSKEM, KV POCTIWOSTI WSSECH OSAD | NICH KOSTELV SWATEHO MIKVLASSE DO TE | LEC NALEZIEGICYCH NAKLADEM GEGICH, ABY | HLASEM TEHOZ ZWONY PONVKNVTI BYLI | DO CIRKEVNI SCHVZE K NABOZIENSTWI KRZE ' STIANSKEMV PRO OSLAWENI GMENA PANA BO ' HA WIECZNEHO. Rückwärts ein

grosses umkränztes Wappen mit der Aufschrift: JAN STARSSY BORZYTA
| Z MARTINIC A NA WOKORZY ec. Am unteren Rande zwischen den
Reliefen zweier hl. Evangelisten die Porträtseite der Medaille des Glockengiessers, mit der Legende: BRICCIVS AERIFVNDITOR A
STANNIMONTE; rückwärts, zwischen den Reliefen der beiden
anderen Evangelisten, die Wappenseite derselben Medaille
mit der Devise: DEVS ADIVTOR ET PROTECTOR MEVS ANNO
1634.

2. Höhe 0·88 *m*, Durchmesser 0·84 *m*. Die Kronenbänder mit geflochtenem Bandornament, am oberen Rande
die Inschrift (Abb. 77). Darunter ein Muttergottesrelief von
0·13 *m* Höhe.

3. Höhe 0·33 *m*, Durchmesser 0·33 *m*, am Mantel die
Buchstaben J. G. K. 1771 (Johann Georg Kühner) und
unschöne Reliefs des hl. Florian, des hl. Johann d. T.
und des hl. Johann d. Ev.

Toužetín.

Veselý, Gesch d. F. Schwarzenberg. Bes. Citoliß, 100; Sedláček, Hrady
a zámky VIII, 224 (In beiden Werken Abbildungen.)

Nördlich der Strasse nach Laun ein Hügelgrab mit einem Skelette und neolithischen Artefacten (Prager städtisches Museum); Aschen-
gräber mit Bronzegegenständen. Mtth. d. Anthrop. Gesellsch. XIX, 81;
Píč. Archaeol. výzk. ve středn. Čechách. XXVIII; Veselý, l. c. 100.

Das SCHLOSS, ein Nutzbau ohne besonderen Kunstwert, wurde auf Kosten des Fürsten Ferdinand Schwarzenberg im Jahre 1697 auf den Grundmauern einer früheren
Veste von den Brüdern *Giacomo* und *Pietro de Maggi*
erbaut; die Steinmetzarbeit verfertigte *Ambrosio Waldi* aus
Leitmeritz, die Tischlerarbeit *Johann Jakob Walter* aus Laun.
Das einstöckige, ein einfaches Quadrat bildende Gebäude
wird von einem Graben umgeben, über welchen eine Stein-
brücke zu dem mit Pilaster und Gebälk umrahmten Portale
führt; über diesem ist zwischen Giebelsegmenten das Schwar-
zenbergische und Sinzendorfer Doppelwappen in geschickt
ausgeführter Akanthusumrahmung von Sandstein befestigt.
Von den neun rechtwinkligen Façadefenstern entfallen fünf
auf das Mittelrisalit. Der Hof bildet ein Quadrat, dessen
Vorder- und Rückseite sich in zwei dreitheiligen Bogenlauben
öffnen; die Breite der kleinen Hoffenster ist grösser als ihre
Höhe. Die Treppe ist eng, die inneren Räume so vertheilt,
dass an den Hofseiten die Gänge, an den Aussenseiten hohe

Herrschaftszimmer sich befinden. Vor dem Schlosse, auf geräumigem, unregelmässigen Hofe Wirtschaftsgebäude und das Brauhaus, auf welchem zwei den genannten gleiche Doppelwappen von geschickter Sandsteinarbeit aus dem 17. Jhrht. eingelassen sind.

Třebotz — Třebouc.

Ein eiserner Steigbügel im Walde »Láz« gefunden. Woldřich, Beiträge IV, 36.

Weltěsch — Veltěže.

Oberhalb der Mühle Funde einer neolithischen Ansiedlung. Am Wege gegen Pschan Culturgruben mit Gegenständen aus der ersten Bronzezeit. (In der Sammlung es Slavětiner Pfarrers P. Fr. Stědrý.) Östlich von Weltěsch Urnen, Bronzegegenstände, Nadeln, Schläfenringe und Armbänder (in Frauenberg). »Na pískách« Culturgruben (im Prager städtischen Museum) und La Tèn'sche Gräber (im Launer Museum). Mitth. d. Centr.-Comm. 1890, 109; Šnajdr Poč. předh. míst. země české 16; Mitth. d. Anthr. Gesellsch. 1893, 58; Kučera, Český lid, 1895, 164; Veselý, Gesch. d. F. Schwarz. Bes. Cit. 91.

Winařitz — Vinařice.

Sommer, Kön. Böhmen, XIV, 44; Veselý, Gesch. d. F. Schwarz. Bes. Citolib 44; Gedenkbuch des Pfarramtes vom J. 1739; Wahner, Sammlung alter u. neuer Nachrichten im Archive des Museums des Kön. Böhm. II, 470.

Stein- und Knochen-Artefacte sowie Urnenreste auf den Parcellen No. 372, 373, 374 u. 296, 297. Šnajdr, Poč. předh. míst. země české 17; Mitth. d. Centr.-Comm. 1890, 109; Veselý l. c. 44.

Die PFARRKIRCHE, dem hl. Eligius geweiht, bereits im Jahre 1356 als Pfarrkirche erwähnt, später verlassen, seit dem J. 1723 wieder von einem eigenen Pfarrer verwaltet und 1746 neu hergestellt, ist ein schmuckloses, orientirtes Gebäude, welches aus einem rechtwinkeligen, barocken Langschiffe, einem im Jahre 1751 erneuerten Thurme an der Westfront und aus einem gothischen Presbyterium besteht. Das Innere des Schiffes hat eine Länge von 13·15 m und eine Breite von 9·60 m; das 8·10 m lange und 5·80 m breite Presbyterium wird von einem Kreuzgewölbe und fünf Feldern des aus dem Achteck beschriebenen Chorschlusses übewölbt. Die birnförmig profilirten Gewölberippen steigen von polygonen Spitzconsolen zu den beiden glatten Schlusssteinen auf.

Die Kircheneinrichtung ist barock und kunstlos; für die Altäre erhielt der Holzschnitzer *Johann Turnovský* aus Horažďovic 175 fl., das Altarbild mit der Figur des hl. Eligius malte *Josef Kramolín* für

20 fl., die Kanzel verfertigte im J. 1785 der Launer Bildhauer *Dominik Philo* für 80 fl., die Staffirung führte im selben Jahre *Wenzel Obenauer* für 300 fl. aus, die Orgel erbaute im J. 1788 *Johann Busch* aus Leitmeritz für 240 fl.

Standkreuzchen mit virtuos aus Buchsbaumholz geschnitztem Körper des Gekreuzigten (derselbe 0·25 *m* lang), 18. Jhrht.

Monstranz aus Silberblech, 0·44 *m* hoch, mit Strahlenkranz und schön getriebenem Band- und Pflanzendecor sowie Engelsköpfchen; kleinseitner Beschauzeichen vom J. 1723 und Marke des Silberarbeiters *Leopold Lichtenschoff*.

Glocken: 1. Höhe 1·10 *m*, Durchmesser 1·04 *m*, am oberen Rande ein Engelsfries und ein Kranz hängender Akanthusblätter. Vorn am Mantel der Psalm 126 in böhmischer Sprache zwischen den Reliefgestalten des hl. Wenzel und hl. Siegmund, unten eine Medaille mit Adam und Eva im Paradies. Rückwärts am Mantel in einem rechtwinkeligen, von Tritonen gehaltenen Schilde die Inschrift: BRYCCIVS PRAGENSIS AUXILIO | DIVINO FECIT ME. Darunter: DA PACEM DOMINE IN DIEBUS NOSTRIS QVIA | NON EST ALIVS QVI PVGNET PRO NOBIS NISI TV DEVS NOSTER. Seitlich in Currentschrift: *Rzehorz Hauda Rychtarz z Kozoged wlastnim nakladem swym tento zwó zgednal a zaplatil leta panie 1576.*

2. Höhe 1·05 *m*, Durchmesser 1·05 *m*, laut einer langen Aufschrift mit Wappen am Mantel auf Kosten der Bachta de Reyhofen gegossen. Unten: JOHAN GEORG KÜHNER GOSS MICH IN PRAG 1764.

3. Höhe 0·62 *m*, Durchmesser 0·62 *m*, am Mantel die Reliefgestalt des hl. Florian und die Inschrift: PER DOMINEM IOHANEM WENCESLAVM KÜHNER PRAGAE A. D. 1796.

Wobora — Obora.

Schaller, Top. d. Kön. Böhmen V. 76.

Auf einem Felde beim Dorfe wurde eine kleine Steinaxt gefunden. Šnajdr. Počátk. předhist. mist. země české, 17; Mitth. d. Centr.-Comm. 1890, 109.

Die PFARRKIRCHE, der hl. Katharina geweiht, bereits im J. 1363 von einem Seelsorger verwaltet, wurde im J. 1731 neuerbaut, ist orientirt, einschiffig, rechteckig, mit einem von drei ungleich langen Seiten des Achteckes beschriebenen Presbyterium; unahnsehnlich und schmucklos.

Der Thurm, ein älterer Renaissancebau aus geschichtetem Plänerkalkstein mit Sandstein-Eckquadern ohne Mörtelverputz, stösst unorganisch an die Nordseite des Presbyteriums an; auf einer quadratischen Grundlage von 6·60 *m* Breite erhebt er sich zur Höhe von drei durch Gesimse getrennten Geschossen, welche unten von schartenartigen Fenstern (aussen 0·18 *m*, innen 1·55 *m* breit), oben von grossen halbkreisförmig geschlossenen Schallöffnungen durchbrochen werden. An der Ostseite eine rechtwinkelige Reliefplatte hoch oben unzugänglich vermauert. Das niedrige Ziegeldach ist zeltförmig. Im Inneren befindet sich in jedem Stockwerke ein grosser Raum; der unterste ist durch eine Schneckenstiege, die oberen durch gerade Treppen in der Mauerstärke zugänglich. Die rechtwinkeligen Eingänge haben schmale vorne abgeschrägte Gewände von Kalkstein.

Das Kirchenschiff ist innen 13·80 m lang und 7·30 m breit, der Altarraum 9·80 m lang. Die Einrichtung mit zahlreichen figuralen und ornamentalen Schnitzereien von guter Ausführung stammt aus dem J. 1731.

Vier Ölbilder auf Leinwand, den hl. Wenzel, Florian, Martin und einen weiteren Heiligen darstellend, wurden im J. 1734 von den Nachbarorten gewidmet.

Der gothische Taufbrunnen von Plänerkalkstein, achtseitig auf vierseitigem Fusse, ist 0·90 m hoch, 0·60 m breit, ringsum mit vertieften geometrischen Figuren geschmückt; in einem Felde das flach gemeisselte Wappenzeichen der Sokole von Mor (ein Haken), welchen der Ort im 15. Jhrht. gehörte, in einem zweiten ein Kelch und ein ℟ (gothisches Ornament?). Um den Fuss ein strickartig gewundener Stab. (Abb. 78.)

Abb. 78. Wobora. Gothischer Taufstein, 0·90 m hoch.

Monstranz, 0·55 m hoch, barock, mit Strahlenkranz, aus vergoldetem Kupferblech gepresst, ohne Merkzeichen.

Casula von schönem Silberbrocat aus dem 18. Jhrht.

Vier Altarleuchter, von gedrechseltem Messing, 18. Jhrht.

Glocken: 1. Höhe 0·94 m, Durchmesser 0·96 m, am Mantel eine unschöne Reliefgestalt des hl. Wenzel, am Kronenrande die Inschrift: TENTO ZVON SLYT V MYSTRA TOMASSE W LITOMERICIH LETA BVOZ° MCCCCCXXXV.

2. Höhe 0·68 m, Durchmesser 0·75 m, vom J. 1849.

Kreuz von Plänerkalkstein, 0·65 m hoch, an den oberen drei Armen mit drei Sternen, in der Mitte mit einem Halbmonde geschmückt, von fraglichem Ursprung und Zweck, in die Kirchenmauer eingelassen.

Zwei schmiedeeiserne Kreuze auf dem Friedhofe, einfache Arbeiten des 18. Jhrht., 1·40 m hoch.

Wolenitz – Volenice.

An der Strasse nach Kröndorf auf einem Strahöwer Klostergrunde Reihengräber aus der ersten Christenzeit mit Gefässen und S-förmigen Schläfenringen (im Launer Museum). Bei der Gemeinde La Tèn'sche Skelettgräber. Kučera, Český lid. 1895, 84.

Worasitz – Orasice.

FILIALKIRCHE des hl. Nicolaus, im J. 1356 Pfarrkirche, ein einschiffiges, rechteckiges Gebäude mit geradem Chorabschluss, barock, aus gebrochenem, verputzten Plänerkalkstein ganz unscheinbar erbaut; auf dem Portalgewände die Aufschrift RENV 1725, im Giebel eine St. Niklasstatue.

Das schmucklose Innere ist im Altarraum 5·80 m lang, 4·40 m breit, im Schiff ursprünglich 7·70 m lang, 7·40 m breit, seit 1725 um 11·80 m verlängert.

Auf der getäfelten Decke Malereien, im älteren Theile den hl. Nicolaus mit Engeln und Kauffahrtsschiffe auf dem Meere darstellend, bezeichnet »1703. C. T.«

Abb. 79. Worasitz. Altarleuchter von Messing. 0·55, 0·40 und 0·70 m hoch.

Die andere Hälfte roh, vom J. 1725. Auf die hölzerne Verschalung der Orgelempore malte ein Dorfmaler des 18. Jhrht. Rankenornamente auf.

Altarleuchter aus Messing gegossen: Zwei renaissantisch, 0·70 m hoch, mit Engelsköpfen auf dem dreiseitigen Fussgestell, 16. Jhrht. Zwei ähnliche, von gröberer Ausführung 0·40 m hoch. Zwei gegossene und gedrechselte Barockleuchter mit platten, kantigen Ringformen, 0·40 m hoch; vier andere mit Kugel- und Kegelformen, 0·55 m hoch. (Abb. 79.)

Glocken: 1. Höhe 0·85 m. Durchmesser 0·85 m, am Kronenrande die Inschrift: ANNO MDXXXXI VERBVM DOMINI MANET IN ETERNVM. ESAIE XXXX CAP. Darunter ein Pflanzenfries.

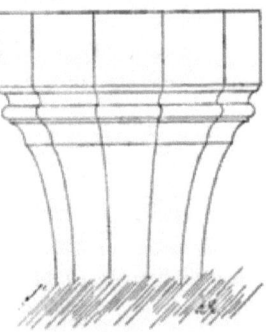

Abb. 80. Worasitz. Gothischer Taufstein, 0·85 m breit.

2. Höhe 0·58 *m*, Durchmesser 0·60 *m*, im Jahre 1862 umgegossen.

Taufbrunnen, am Friedhofe halb im Boden versunken, von Sandstein, gothisch, zwölfseitig, oben 0·85 *m* breit, am Übergange zum Fusse profilirt (Abb. 80).

Wrbno am Walde — Vrbno u lesů.

Schaller, Top. d. Kön. Böhmen I. 191; Sommer, Kön. Böhmen XIII. 77; Gedenkbuch des Pfarramtes vom J. 1757.

Die PFARRKIRCHE zur Himmelfahrt Mariens, bereits im J. 1384 als solche erwähnt, im J. 1665 erneuert, ist ein einfaches, orientirtes, aus Bruchstein errichtetes Gebäude, dessen gothischer Theil, der Altarraum, der Thurm und der anstossende Schiffstheil aus dem 13. Jhrht. stammt, in welcher Zeit (seit 1220) das Dorf dem St. Georgskloster auf der Prager Burg gehörte.

Abb. 81. Wrbno. Grundriss der Kirche. Abb. 82. Wrbno. Fenster im Chorschlusse.

Das schmucklose Äussere der Kirche besitzt keine Strebepfeiler. Das flachgedeckte Kirchenschiff, innen ursprünglich 9·00 *m* lang und 6·80 *m* breit, wurde im 17. Jhrht. um 11·00 *m* verlängert. Der gebrochene Triumphbogen, dessen breite Innenfläche an der Vorderkante ausgekehlt ist, führt zu dem quadratischen Presbyterium von 4·90 *m* Breite (bei 1·15 *m* Mauerstärke). Die Rippen seines Kreuzgewölbes sind keilförmig, fünfseitig mit flachen Auskehlungen und treffen sich in einem tellerförmigen Schlusssteine.

Das vermauerte Fenster des geraden Chorschlusses ist zweitheilig, mit schönem Vierpassmasswerk geschmückt, im Lichten 2·25 *m* hoch und

1·00 m breit (Abb. -). Das rechtwinkelige Gewände der Sacristeithür ist mit einer Auskehlung und einem Rundstab profilirt, in den oberen Winkeln mit Profilsegmenten ausgefüllt; die alte mit Eisenblech beschlagene Thür hängt in drei gabelförmigen Bändern.

Muttergottesbild, Holztafel von etwa 2·00 m Höhe und 1·50 m Breite, ein Mittelstück eines Altarschreines des 16. Jhrht.; ganze Gestalt in rothem Kleide und blauem Mantel, von einem goldenen Strahlenkranze umgeben, um welchen unten vier Engelsköpfe, oben zwei Engel eine Krone tragend schweben. Gut erhaltenes Werk von fester Linienführung und etwas harter Farbengebung.

Abb. 83 Wrbno. Madonnenstatue aus dem 14. Jhrht., 0·70 m hoch.

Abb. 84. Wrbno. Madonnenstatue aus dem 16. Jhrht., 0·82 m hoch.

Muttergottesstatue von Holz, 0·70 m hoch, aus dem 14. Jhrht; trotz sehr grosser Beschädigung und blosser Polychromiereste durch die ernste Haltung und den ruhigen Faltenwurf interessant (Abb. 83).

Muttergottesstatue von Holz, 0·82 m hoch, aus dem beginnenden 16. Jhrht.; die auf dem Halbmonde stehende Gestalt ist meisterhaft drapirt, im Gesichtsausdrucke und der Bewegung des Kindes naiv aufgefasst, neu polychromirt (Abb. 84).

Taufbrunnen von Zinn 0·80 m hoch, auf drei mit Löwenköpfen ansetzenden Füssen; am Kesselmantel beschädigte Reliefs einer Pieta, eines hl. Hieronymus und einer später angebrachten Madonna; am oberen und unteren Rande die Inschrift: lela x boziho o ſifwiho o pietiſlehu x gedenacztcho ten o den x po kwietni o nedieli udielana x u pana x petra x konwarze krzliſtednicze x we gmenu o matki x Boʒi o ʒaloʒeni x ku ezti matce x Boʒi. Mit dem Altstädter Beschauzeichen und der Marke des Zinngiessers versehen.

Reliquiarium des hl. Johann von Nep. aus versilbertem Kupferblech, in Sternform, 0·20 m hoch, 18. Jhrht. Barockes **Reliquiarium** von Kupferblech, monstranzartig, 0·34 m hoch.

Sacristeiglocke, 0·13 m hoch, 0·11 m breit, mit der Aufschrift: 1698 DEN 25 OCTOBER PETRUS SATTOR VON GROSSKALKEN.

Grabsteine: Plänerkalksteinplatte, 1·66 m lang, 0·85 m breit, mit dem Wappen der Herren von Klinstein in der Mitte und Inschriftsresten am Rande (nach dem Gedenkbuch ergänzt): letha MCCCCxxxii .... pani anna z klynfteyna a z rozťok..... tuto podjowana gest.....

2. Plänerkalksteinplatte, 1·86 m lang, 0·82 m breit, mit dem Wappen der Klinsteine in der Mitte und den Überresten der Inschrift am Rande: letha boziho MCCCC.... umrzel gest urozeny pan.... z rozťok a na zierotinie ten pondiely na bozi krzteni.

3. Plänerkalksteinplatte, 1·60 m lang, 0·60 m breit, mit einem schwach eingravirten Wappen der Klinsteine und einer fast ganz verschwundenen Umschrift aus dem 15. Jhrht.

4. Plänerkalksteinplatte, 2·00 m hoch, 1·90 m breit, in zwei Hälften getheilt, mit den ruhenden Gestalten eines Ritters und seiner Frau im Hochrelief. An den vier Ecken kreisrunde Scheiben, für Wappen und Inschriften bestimmt, oben verbunden durch einen Bogen mit der Inschrift: GEHO - VROZENA - PANI - PANI - MAGDALENA Z KLINSTEYNA A Z RVZTOK. In der oberen, rechten Scheibe das Kolowratische Wappen mit der Umschrift: MANZIELKA VROZENEHO PANA PANA HINKA NOWOHRADSKEHO Z KOLOWRTH, in der unteren das Klinsteinsche Wappen und eine verdeckte Inschrift; die beiden anderen Scheiben leer; 16. Jhrht.

Glocken: 1. Höhe 1·00 m, Durchmesser 1·00 m, am Kronenrande die zweizeilige Umschrift: en x ego o campana o nunquvam x pronuncio x vana x iquem x vel o festum, bellum x aut x funus x honectom x Qui x me x fecit magicter x bartholomevs o nomen x habet x in x nova o Civitate x pragense Anno x Domini x millesimo cccc x nono x ex x hox x o x. Unter der Aufschrift die hl. Barbara in Relief.

2. Höhe 1·00 m, Durchmesser 0·94 m, am oberen Rande zwei Reihen figuraler Reliefs, darstellend ein Gastmal, eine Allegorie der Zeit, die Opferung Isaaks, den Verlorenen Sohn, Orfeus mit den Thieren und Christus als Gärtner; am Mantel die Aufschrift:
LETA PANIE 1597 TENTO ZWON SLYT GEST KE CZTI A CHWALE PANU BOHU A ZALOŻENI NA NEBE WZETI PANNY MARYE MATKY BOZI KOSTELU ZA PANNY KATERZINY KLADENSKE Z KLADNA ABBATYSSE KLASSTERA TEGNICZKEHO KOLATORKYNI KOSTELA WRBENSKEHO: TEŻ ZA CZTIHODNEHO KNEZE PAWLA CLYMENTIS FARARZE WRBENSKEHO: TEŻ KU POCZTIVOSTI OBCZE WRBENSKE WSSECH OSADNICH K TEMUZ ZADUSSI NALEZEGICZYCH NAKLADEM GICH WLASTNIM ZNOWA PRZELYT GEST W MIESTIE RAKOWNICZE OD MA TOUSSE FLEIMIGKA KONWARZE A PAWLA PACZOWSKEHO ZWONARZE.

3. Höhe 0·53 m, Durchmesser 0·53 m, am Kronenrande ein Ornamentstreifen, am Mantel die Inschrift: JOHANN GEORG KÜHNER GOSS MICH IN PRAG 1774.

Wrschowitz — Vršovice.

Veselý. Gesch. F. Schwarz. Bes. Citolib 12. (Abbildung auf S. 78).

Verzierter Diorithammer mit Loch (in Frauenberg). Woldřich, Beiträge III, 3; Šnajdr, Poč. před. mist. země české 16; Veselý, l. c. 62.

Das SCHLOSS aus dem Ende des 17. Jhrht., in den Jahren 1735 und 1736 erneuert, ist ein geräumiges Gebäude von rechtwinkeligem Grundrisse mit 14 Fensterachsen in der einstöckigen Façade. Das in der Mitte derselben angeordnete Portal ist im Halbkreisbogen gewölbt, rusticirt und von einem Gebälke mit Giebelsegmenten abgeschlossen. Über der Mitte der Façade, welche das Wappen der Schwarzenberge trägt, erhebt sich der zweistöckige Thurm mit je zwei Fenstern und einem Zwiebeldache. Zu beiden Seiten hohe, dreiseitige Giebel, welche von Gesimsen in drei Geschosse, die untersten mit je vier Fenstern, getheilt werden. Die Innenräume sammt der Schlosskapelle ohne Kunstwerth.

Zitolib — Citolib.

Schaller, Top. d. Kön. Böhmen VII. 53. – Sommer, d. Kön Böhmen XIV., 43. – Veselý Gesch. d. F. Schwarzenb. Bes. Citolib, 1. – Gedenkbuch des Pfarramtes vom J. 1729.

Bei der Fasanerie hinter der Bahn gegenüber der Chlumčaner Mühle wurden zahlreiche praehistorische Urnen, Scherben und Steinhämmer gefunden (im Frauenberger Museum). Woldřich, Mitth. d. Anthrop. Gesellsch. 1889.

Zu beiden Seiten der Strasse in den Ziegeleien Überreste von Scherben und Stein-Artefacten. Auf dem Felde Mockr's ein Skelettgrab mit La Tén-Funden (in der Sammlung der Bürgerschule zu Laun) und zwar drei Bronzearmbänder, eine eiserne Fibel und ein Schwert sammt Scheide und Griff, eine Hackenspitze, ein langes, einschneidiges Messer mit Ohr am Griffe und mit glattem Rücken. Hallstätter Brandgräber. Šnajdr, Mitth. d. Centr. Comm. 1890, 109; Pam. arch. IX, 154; XI, 678; XV. 522; Niederle, Lidstvo v době předh. 472; Šnajdr, Poč. před. mist. země české, 16; Niederle, Přísp. k anthrop. zemí českých II, 13.

PFARR-KIRCHE, dem hl. Jakob d. Gr. geweiht, erbaut im Jahre 1717; die bereits im Jahre 1384 erwähnte und später eingegangene Pfarrei wurde im Jahre 1761 erneuert.

Das einschiffige, orientirte Gebäude mit einem Thurme in der Façade ist im Chorraume halbkreisförmig geschlossen; das Mauerwerk aus gebrochenem Plaenerkalk auf einer Sandsteingrundlage ist verputzt. Vier hohe Wandpfeiler der Façade tragen auf dorischen Capitälen ein verkröpftes Gebälke mit stark ausladendem Gesimse, dessen Profilirung trocken und scharf ist. Über der rechtwinkeligen Portalverkleidung von Sandstein öffnet sich ein grosses Fenster mit dem Wappen der Gr. Schütz, der Besitzer der Herrschaft in den Jahren 1650—1723. Gebogene Giebelsegmente vermitteln den Übergang der Façade zu dem viereckigen, zweistöckigen

Thurme, dessen achtseitiger ausgebrauchter Helm sammt Laterne mit Blech beschlagen ist. Die Langseiten des Schiffes werden von je sechs dorischen Pilastern, das engere Presbyterium von je drei einfachen Wandlesenen gegliedert. In der Südwand trägt eine Pforte zum Orgelchor zwischen Giebelsegmenten das gräfliche Wappen der Schütz. Von den unten rechtwinkeligen, oben im Bogensegmente überwölbten Fenstern sind sechs im Langschiffe mit gebogenen Gesimstheilen bekrönt, während fünf im Presbyterium bloss einfache Umrahmungen besitzen. Das Dach ist mit Hohlziegeln bedeckt.

Das Schiff, innen 23·60 *m* lang und 12·40 *m* breit, wird durch die schweren Thurmpfeiler in seiner Räumlichkeit unschön beschränkt. Dorische Pilaster mit Gebälk gliedern die Wände desselben, sowie diejenigen des 10 *m* langen und 6·20 *m* breiten Altarraumes.

Den Hauptaltar bildet ein Holztabernakel, auf welchem zwei grosse Engel zu Seiten eines Kreuzes knien; links und rechts auf besonderen Sockeln je zwei, Leuchter tragende Engel von Lebensgrösse in gezierten lebhaften Stellungen, virtuos geschnitzt. Laut Chronogramm aus d. J. 1718.

Hauptaltarbild, den lehrenden hl. Jakobus darstellend, ein energisch auf Leinwand gemaltes Werk in Ovalformat von etwa 6·50 *m* Höhe und 4·30 *m* Breite aus der zweiten Hälfte des 17. Jhrht., besonders durch packende Charakteristik fesselnd (im J. 1890 von Václ. Sochor restaurirt). Die ein-

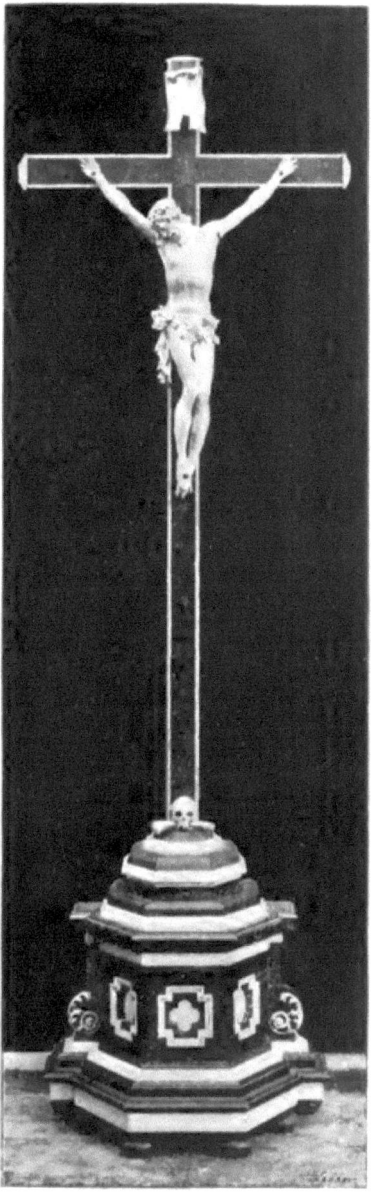

Abb. 5. Zittolib. Altarkreuz von Ebenholz und Elfenbein 0·80 *m* hoch.

fach profilirte Rumenleiste schmücken an den vier Hauptpunkten geschnitzte Banddecorationen.

Madonnenbild (abgebildet bei Veselý, l. c. 16) auf Holz, 0·31 m hoch und 0·27 m breit, laut der deutschen Inschrift auf der Rückseite im Jahre 1707 aus der Moldau bei Siebenbürgen gebracht. Der barocke Silberrahmen von 0·58 m Höhe und 0·37 m Breite mit getriebenen und fein ciselirten Pflanzen- und Banddecor trägt in seinem hohen Aufsatze das Wappen der Grafen Schütz und seitlich das Merkzeichen

Vier Gemälde auf Leinwand, die Evangelisten in sitzender Stellung von Lebensgrösse, Werke des beginnenden 18. Jhrht., unbedeutend.

Leinwandbild, 1·15 m hoch und 1·00 m breit, die sieben hl. Sacramente in genrehaften Gruppenbildern mit kleinen Figürchen im Costume des 18. Jhrht. darstellend, fein grau in Grau ausgeführt.

Die vier Nebenaltäre, die Kanzel, Orgel (vom Jahre 1754) und die Beichtstühle bilden mit ihrem zahlreichen figuralen Schmucke einen guten Gesammteindruck.

Die Kirchenbänke tragen auf den Schmalseiten geschnitzte Wappen der Gr. Schütz.

Taufbrunnen, barock, kelchförmig von Sandstein; mit Zinndeckel, welcher die Aufschrift trägt: 16 EGIHVSVL 68.

Altarkreuz aus Elfenbein auf Ebenholzpostament mit Elfenbeinleisten, 0·80 m hoch, schöne Arbeit des 17. Jhrht. (Abb. 85.).

Monstranze, barock, von vergoldetem Silber, 0·63 m hoch, strahlenförmig, mit Weinlaubkranz und Relieffiguren Gott Vaters, des hl. Jakobus und hl. Wenzel, über der Mitte die Taube. Gut getriebene und gravirte Arbeit, besetzt mit zahlreichen Edelsteinen und Perlen. Auf dem Fusse vorn die Wappen der Gr. Schütz und Kuffstein, rückwärts die Aufschrift: In honor. S. S. Altar et decori ecclesiae Zittolib ex cleus. piar. animarum fieri curavit Ernest Gottfried de Schützen dom. in Benatek, Zittolib et Div. una cum chara coni. Mar. com. de Schützen nata cossa. de Kuffstein. Ao. Chr. 1688.

Abb. 88. Zitolib. Dreifaltigkeitssäule.

Zwei Grabsteine der Frau Polixene Schütz, geb. von Dobrše, † 1. August 1685 und der Suzanne Schütz, geb. Questian, † 13. Jänner 1698 (die Inschriften bei Veselý, l. c. 14 und 15).

Glocken (im Jahre 1777 aus Černochov herübergebracht).

1. Höhe 1·00 *m*, Durchmesser 0·95 *m*, mitten am Mantel ein Madonnen-Relief, auf dem Kronenrande die Inschrift (Abb. 86.)

2. Höhe 0·88 *m*, Durchmesser 0·88 *m*, auf dem Mantel die Reliefgestalt des hl. Wenzel, auf dem oberen Glockenrande die Inschrift (Abb. 87.).

3. Höhe 0·62 *m*, Durchmesser 0·62 *m*, am oberen Rande Blumen-Kränze und die Inschrift: LAVDETVR JESVS CHRISTVS IN ÆTERNUM 1736. Auf dem Mantel vorn St. Jacobus, rückwärts das Wappen der Gr. Pachta.

Sandstein-Statuen zu Seiten des Kircheneinganges: Moses und ein Heiliger (stark beschädigt); seitlich auf hohen Sockeln liegende Gestalten eines Greises mit Sanduhr und eines schönen Weibes mit Kelch, Allegorien der Zeit und des Glaubens. Sehr geschickte Arbeiten des angehenden 18. Jhrht.

Dreifaltigkeitssäule vor der Kirche, aus Sandstein, (Abb. 88). Auf dreiseitiger Grundlage tragen drei hohe, gegliederte, durch Bögen verbundene Sockeltheile einen schlanken Obelisk, dessen drei Seiten mit grossen Rosetten verziert sind. Die Bogenansätze werden von lebensgrossen Statuen Gott Vaters, des Sohnes und eines (modern ersetzten) Engels beschwert. An der Vorderseite in Mitte des Obelisken die Weltkugel, darüber die Taube des hl. Geistes, darunter die gekrönte Cartouche mit Inschrift: HANC STATUAM AD LAVDEM SS INDIVIDVAE TRINITATIS FIERI CVRAVIT ERNESTVS GODEFRIDVS LIBER BARO DE SCHVTZEN ET LEOPOLDS SCHEIMB DOMINVS IN ZITOLIB ET BENATEK SVAE CAES MAI. CAMERARIVS. Das Ganze umrahmt von einer Umfassung mit Vasen und Engeln, vorzüglich im architektonischen Entwurf und in technischer Ausführung, schwach im Plastischen.

Pestsäule, an der Strasse nach Laun, runder Schaft auf einfach vierseitigem Sockel, mit korinthischem Capitäle, welches die Weltkugel mit den sitzenden Gestalten der hl. Dreifaltigkeit trägt. Schwache Arbeit, inschriftlich vom J. 1680.

Sandstein-Statuen des hl. Prokop und hl. Leonhard, auf dem Platze seitlich des Schlosses, 18 Jhrht., stark beschädigt; Statue des hl. Johannes von Nep. aus dem J. 1770 am Wege nach Brloh.

Capelle, barock, nischenförmig offen, an der Vorderseite mit gekuppelten Wandpilastern und profilirtem Halbbogen geschmückt, von edlen Formen, am Wege nach Brloh. Unweit hievon ein einfaches Barockcapellchen.

SCHLOSS, 1717 erbaut, geräumig, auf rechteckigem Grundriss mit zwei Querflügeln, welche zu beiden Seiten rücktretend einen Ehrenhof bilden. Thüren und Fenster einfach umrahmt, zwei Seiteneingänge mit Frucht-

Festons auf dem rechtwinkeligen Gewände. Ein schmiedeisernes Gitter mit Spiralmotiven schliesst das Stiegenhaus, welches zu den schmucklosen Innenräumen führt; bloss ein Festsaal der I. Etage bemerkenswerth — obwohl nicht hervorragend — wegen seines stuckirten offenen Kamines, eines grossen Deckengemäldes (im Haine tanzende Jünglinge und Mädchen), sowie des aus gemalten Blumenvasen und Spiegeln bestehenden Wandschmuckes. Durch eine grosse Glasthür gelangt man direct auf den Hauptweg des Schlossgartens.

Der Schlossgarten, gleichzeitig mit dem Hauptgebäude eingerichtet, bildet ein langes Rechteck, dessen kürzere Nordseite an die Gartenfront des Schlosses anstosst. Er wird durch eine hohe, von drei Treppen unterbrochene und mit der Schlossfronte gleichlaufende Terrasse in zwei vierseitige Hälften, sodann durch gerade, in geometrischen Formen angeordnete Wege in kleinere Blumenbeete getheilt. An den Wegen zahlreiche Barockstatuen aus Sandstein von ungleichem Kunstwerte, doch grösstentheils im ersten Viertel des 18. Jhrht. virtuos in der Richtung des *Mathias Braun* ausgeführt (einzelne im J. 1765 vom Bildhauer *Ernst Link* aus Schlan hinzugesetzt). An der Schlossfronte zehn Amorettengruppen in ausgelassenen Posen; sechs ernste Amoretten am ersten Querwege; zwei weibliche Allegorien und 16 komische Zwerggestalten mit kolossalen Köpfen und karrikirtem Costume auf der Terrassenballustrade, dabei ein Affe; im rückwärtigen Theile des Gartens sieben weitere lebensgrosse Statuen, Allegorien der Kraft und Ausschweifung (?), antike Göttergestalten und Tänzer. Auf den vier Portalen je zwei schöne Bruststücke.

Žerotín.

Heber, Schlösser und Burgen IV, 340 (mit einer Abbildung): Zeitschrift »Lučan« Jhrg. 1885 Nr. 46—48.

BURGRUINEN auf einem Hügel mit doppelten Wällen. Von dem einstigen, nicht grossen Gebäude haben sich nur zwei stockhohe Mauerstreifen aus gebrochenem Sandstein erhalten; an deren Aussenseiten Überreste einer in Sgraffito ausgeführten Rustica des 16. Jhrht.

BERICHTIGUNGEN.

Auf Seite 28. unter dem Inschriftfacsimile
anstatt: I. H. Z. P. richtig: I. H. Z P.
" " 61. in der schematischen Darstellung der Kirchendecke
anstatt: Christus vor Pontius, richtig: Christus vor Kaiphas.
" 74. Zeile 7 von unten
anstatt: Kolowrat'sche, richtig: kaiserliche.